❑大学毕业照

❑1981 年，大学毕业前夕

❑参加工作第一年
的秋天，我和学
生们在野外收获
我们共同的快乐

❑1985 年，开卷阅读

❑1985 年，伏案写作

❑ 1989 年 2 月，我和高 90 届一班的学生躺在风雪峨眉山巅摆成"一班"字样

❑ 1999 年秋天，我和学生一起读《傅雷家书》

❑ 2000 年 4 月，我要出差前，学生们舍不得我，希望我在走之前再和他们玩一次

❑ 2003 年 4 月，
我在郑州上
公开课

❑ 2004 年 9 月 1 日，我读完博士后重返学校，又当上了班主任

❑ 2005 年春天，
我带着高一学
生在春游途中

❏ 2005年春，我和学生在油菜地里上语文课

❏ 2009年1月，作为校长的我当上了班主任，周末我和学生在公园里比丑

❏ 2009年冬天，我和孩子们在校园里玩捉迷藏

Jiaoyu shi
Xinling de Yishu
Li Zhenxi Jiaoyu Suibi Xuan

大夏书系·教育随笔

教育是
心灵的艺术
——李镇西教育随笔选

李镇西 著

华东师范大学出版社
全国百佳图书出版单位

目 录

contents

3

代序　是否还保持着最初的童心?

从教近32年了，但我至今还记得第一天走进乐山一中校园的情景。

那天早晨，我很早就起来了，骑着自行车来到校园时，大多数学生和老师都还没到校呢！我一个人站在操场上有些激动，仰望天空布满的朵朵花儿一般的朝霞，觉得整个世界都在张灯结彩地祝贺我，祝贺我这个新老师。我想，我就要在这里开始我的教育人生了，在这所学校里，我也许会工作几年，也可能是十几年、几十年，直至退休。当然，也许我会中途调离，但我这一辈子都会做教育，这是毫无疑问的。

学生们陆陆续续进校了，我朝教室走去。"老师好！"一个声音响起。我没有反应，继续朝前走。"老师好！"声音大了一些，我仔细一看，是迎面而来越走越近的一个男孩发出的，他分明是在对我说。啊？原来是在向我问好啊！我赶紧很认真地大声回道："你好！"

这是我第一次听到对我说的"老师好"，那份激动我至今还清楚地记得。因为这声问候提醒我，我已经是老师了，以后所有学生都会对我说："老师好！"那一刻，我的眼前春暖花开。

31年后的今天，我问自己："我还保持着最初的童心吗？我现在已经是许多人眼里的所谓'专家'了，可是，我内心深处还拥有当年第一次走进校园，踏上讲台的那份纯情，那份憧憬，那份真诚吗？"

然后，我又无愧地回答："是的，我依然保持着！"我为此自豪。

2012年，我请北京的著名小学语文特级教师王文丽老师来我校的附属小学讲课。我们刚走进校园，一群孩子看见我，便飞奔而来，一边跑一边叫："李老师，李老师……"跑近后，也没有什么事，就往我怀里钻，在我身上蹭，嘻嘻哈哈，叽叽喳喳。当时王老师说："李老师，孩子这么喜欢你啊！你看，一见了你就直往你怀里扑啊！"

孩子们喜欢我，是因为我也很喜欢孩子们。而这种"喜欢"正是我当年踏进校园最原始、最朴素的原因。30多年后这份情怀依然纯净，我很自豪。

无数人问过我："李老师，你有没有过产生职业倦怠的时候？"我说："如果我说我也有过，你们可能会觉得我很真实，会认为李老师'是人不是神'，但那恰恰不真实，因为真实的情况是，我从来没有产生过职业倦怠。我知道现在有人也许会认为我的答案很假，但我必须诚实。"

想想，时刻保持着最初的童心，随时都和天真无邪的孩子们在一块儿，这是何等的开心！从事如此开心的职业，怎么会倦怠呢？

怕就怕本来一颗纯净的心渐渐蒙上灰尘。工作的第一天，面对孩子们叽叽喳喳的"老师好"，你会感动，会欣喜，进而也激动地大声回应"同学们好"；但十年之后呢，同样是面对孩子们叽叽喳喳的问候，你可能已经不激动了，只是用鼻子"嗯"一声，算是回答；再过二十年，当又一批孩子们同样叽叽喳喳地对你说"老师好"的时候，你甚至可能因为习以为常而不屑搭理了——如果真的这样，说明你的童心已经失落，而幸福则已经离你远去。

职业倦怠往往体现为不再激动，不再欣喜，校园里的一切对你来说，都司空见惯，一切都是"就那样"。

第一天踏上讲台的时候，我们是那样的纯粹。没有功利心，没计较过收入，没想过如何算"工作量"，也没想过什么"教坛新秀""市优青""省级骨干教师"之类，想的只是怎样把眼前的这一堂课上好，怎样把眼前这群孩子带好，那时候，教育就是教育，而不是"荣誉"，不是"职称"，不是"论文"，不是"课题"……课堂上孩子们一双双亮晶晶的眼睛，下课后孩子们一声声无邪的笑声，就是我们全部的追求。

因为单纯，所以快乐。

2013 年 12 月 27 日

第一辑　情寄教育

教育是心灵的艺术
——李镇西教育随笔选

1

用童心报答童心

这是我学生的一篇作文——

1985 年 5 月 13 日，星期一。

下午读报课时，李老师跨进了教室，照例给我们读小说。突然，陈晓蕾站了起来："李老师，请您出去一下，好吗？"李老师莫名其妙地跟着她出了教室。戏剧般地，班干部潘芳奕迅速走上讲台，向同学们讲了一个秘密计划，大家一致赞成。几分钟之后，李老师又莫名其妙地被请回了教室，迎接他的是神秘而兴奋的笑声……

紧接着的几天，同学们暗中忙碌起来……

5 月 17 日，那一天终于到来了。语文课的铃声一响，李老师便走了进来。

值日生罗晓宇用清脆的声音喊道："起立！敬礼——"

顿时，一阵春潮般的声浪从每一位同学胸中涌出，回荡在教室里："祝——李——老——师——生——日——快——乐！"

李老师惊愕了，还没等他回过神来，前排的谈俊彦走上讲台，双手捧着一封信："李老师，这是全班同学的祝贺信！"班长彭艳阳捧着一束还带着露水的玫瑰花从后排跑到讲台前，庄严地向老师敬了一个队礼："李老师，这是全班同学献给您的鲜花！"

李老师完全不知所措了。又有十几位同学涌上了讲台，包括抱着一大摞礼物的张锐——霎时间，讲桌上堆满了鲜花、蛋糕、影集、笔记本、生日卡……兴奋和得意在每个同学心中荡漾着：让辛勤的老师惊喜，让尊敬的老师幸福，正是我们的心愿！掌声有节奏地响着，伴着笑声。

"今天，并不是我的生日啊！"呆了半晌儿，李老师这么说。可同学们七嘴八舌地嚷道："肯定是的，5月17日，没错！""老师，要诚实哟！"

……

我当然是诚实的，不过当时我又不敢向学生坦白我的生日应该是9月29日。学生为何错把5月17日当我的生日呢？至今是个谜。七年后的今天，当我抄录这篇作文时，我耳边好像还回响着学生们那热烈、真诚而又带着几分顽皮的掌声和笑声，因而禁不住心潮澎湃！当时，面对童心，激动的我用颤抖的声音说了几句肺腑之言："我并不是一位好老师，可同学们对我这么好，我实在受之有愧啊！但是，从此以后，我将竭尽全力做一位好老师，用我的童心来报答同学们的童心。请同学们，不，请朋友们监督我！"

这事发生在我参加教育工作的头几年。在这之前，我曾三次气急败坏地打学生（虽然不是我班学生）——仅以此例，就足以证明"我并不是一位好老师"的话绝非我在学生面前故作谦虚。但是，从那时起"用童心报答童心"却成了我真诚的誓言，并为之努力实践——

为了报答童心，我尽量使自己的整个身心都与学生融为一体。每带一个新班，我都把全班同学的生日工整地抄贴在我书房的最醒目处，每个学生生日那天，我都送上一本小书、笔记本或其他小礼物。每次放假，我都安排一次与学生的旅游：我曾与学生站在黄果树瀑布下面，让飞花溅玉的瀑水把我们浑身浇透；我曾与学生穿着铁钉鞋，冒着风雪手挽手登上冰雪世界峨眉之巅；我曾与学生在风雨中经过八个小时的攀登，饥寒交迫地进入瓦屋山原始森林……每一次，我和学生都油然而生风雨同舟、相依为命之情，同时又感到无限幸福。这种幸福不只是我赐予学生的，也不单是学生奉献给我的，它是我们共同创造、平等分享的。

为了报答童心，我力争使自己的教育工作充满科学精神与民主气息，让教育真正深入学生的心灵世界。在班级管理方面，我变过去教师一人说了算的"人治"为全班学生运用集体制定的班级法规互相制约、共同管理的"法治"，并将自己也放在与学生平等的位置，和学生一起建设班集体。在思想教育方面，我在遵循基本教育方针的前提下，始终把目光对准学生的心灵：善良人性的保持、正直品格的塑造、现代意识的培养、创造能力的锻炼，以及青春心理的辅导……特别令我和我的学生欣慰的，是我们共同进行的"未来班"教育改革的成功。《中国青年报》《教育导报》《教书育人》等九家报刊先后登载了"未来班"的事迹。在"未来班"，我引导学生们自我管理、自我教育、勤奋学习、关心集体、参与改革。为了让教育充满符合少年儿童心理的浪漫色彩，我们为"未来班"设计了班徽、绘制了班旗，还创作了班歌。当学生们唱着由他们自己作词、著名作曲家谷建芬同志谱曲的班歌时，他们感到多么自豪，多么受鼓舞，而我受到的却是教育和鞭策：与我们素不相识的谷建芬同志并不是教育工作者，她却对下一代有着强烈的责任感，而我身为教育者又该怎样对待自己的职业呢？

为了报答童心，我在语文教学上不停实践、不懈探索、不断创新，并逐步形成了自己的语文教改的指导思想："立足课堂，面向社会，深入心灵"。立足课堂，就是以课堂教学改革为基础，对学生进行严格的读写听说的基本训练，扎扎实实地引导学生掌握语文学科的知识能力体系；面向社会，就是要使语文教学充满时代气息，让学生在热爱、关心国事的过程中广泛地吸取语文养料，在社会生活的实践中把语文知识转化为语文能力；深入心灵，就是要使语文养料和学生的思想、情感、道德相渗透与融合，以形成美的情趣、美的心灵、美的人格，同时，学生能在实践中情不自禁地学习，得心应手地运用语文知识与能力。在"立足课堂，面向社会，深入心灵"的思想的指导下，我进行了一系列变"语文教学"为"语文教育"的尝试："以思维训练为中心，以口语训练为突破口，促进听说读写语文能力全面提高"的三年语文教改实验，"让语文教学走进学生心灵，让学生参与语文教学"的语文教学民主化探索，以"扩大阅读、丰富生活、充实思想、训练思维"为特征的作文教学改革，以及"质疑式教学""竞赛式教学""表演式教学"等课题教学形式的创造与实验……比起全国语文界各位专家、大师们的改革，我的这些尝试当然还处于"初级阶段"，但毕竟已经开始取得了一些成果，而且这些成果正鼓舞着我继续前行。

为了报答童心，我立志成为创造性、学者型的教育工作者，通过自己一生的教育实践，为丰富和发展中国的教育理论作出自己力所能及的贡献。可能有人会觉得我"太狂妄"，但我始终欣赏这句名言："不想当将军的士兵绝不是好士兵！"也许我一直到退休也不过是一名普通教师，但这并不妨碍我现在为自己由衷热爱的事业（因为我由衷热爱自己的学生）提出一个高远的目标，并终身奋力攀登。从1985年起，我开始有意识地总结自己的教育教学实践，思考当今中国的一些教育难点与热点。这些总结与思考陆陆续续地变成近百篇论文发表在各级报刊上：《沉重的思考——中学生教育危机原因初探》（《中国青年报》）、《把教师的权威转化为集体的权威》（《中国青年报》）、《班级管理民主化尝试》（《中国青年报》）、《谈语文教学的民主》（《教育导报》）、《以口语训练促进阅读教学》（《天津教育》）、《把录相引进语文课堂》（《四川电教》）、《现代文阅读能力结构初探》（《乐山教研》）……

从教十年，我成长的道路并不一帆风顺——我取得过一些成绩，也遇到过不少挫折；受到过许多领导、专家、学者、老师的指点帮助，也引起过个别人对我失误的幸灾乐祸或对我成功的妒火中烧……但无论何时，给我以清醒头脑与坚强意志的，还是我的学生：当我重病卧床，学生给我送来录有他们安慰话语和歌声的磁带时；当我站在寒冬的讲台上，一位常被我批评的学生递上一张写有"请穿上大衣，当心着凉"的字条时；当我即将外出开会或讲学，学生们深情地说"李老师，您可要早点回来"时；当我在一个元旦的早晨，打开寝室门，惊讶地发现门上插着一束鲜花，花带上一行"李老师，愿您永远是一轮初升的太阳！"的小字在朝晖的映照下灿烂夺目时……热泪盈盈中，我真诚地感到：一切荣辱得失，比起这一颗颗炽热的童心，是多么的微不足道啊！

仿佛是历史的重演，1990年高考前夕的一次语文复习课，我走进教室，映入眼帘的是黑板上一行美术大字："祝李老师生日快乐！高87级（1）班全体同学"。讲桌上摆着一份为我订做的特大蛋糕和一本有全班同学签名的精美影集。在雷鸣般的掌声中，班长代表全班同学向我送上一束鲜花："李老师，您不用解释了，今天是不是您的生日并不重要，我们不过是借'祝生'向您表达三年来我们对您的感激之情罢了！"我把生日蛋糕切成六十块与学生共享，然后抚摸着鲜花一字一句地对学生们说道："作为老师，还有什么比这更好的奖赏呢？不过，我欠你们的太多太多了！这笔债，我是永远也还不清的啊……"

但是，我愿以毕生的精力去偿还这笔"债"。是的，用童心报答童心，这就是我献身教育的原动力。如果有人认为我的思想境界不够高的话，那么，我想借用杰出教育家苏霍姆林斯基的一段话来强调我的教育信念："我生活中最主要的东西是什么？我毫不犹豫地回答：对孩子的爱。"（《我把心灵献给孩子》）不过，根据自己切身的感受，我还想冒昧地替导师补上一句："以及孩子对我的爱！"

1992 年 8 月 19 日

 整理附记

我最近在整理文稿时发现，"童心"是我文章中出现频率最高的词之一——读者还将在后面的文章中频繁地读到这个词。但是，这个词往往是自然而然从我笔端流出来的。因为参加教育工作以来，我感受最深的就是孩子们的那一颗颗童心——尤其是在这人与人之间的关系越来越物质化的时代，那一颗颗童心更显得晶莹洁净。我已经拥有了并且正在享受着学生们的童心，同时，真诚地想要报答学生们的童心，这的确是我工作的原动力。所以，当《语文教学通讯》约我写一篇教育随感时，我几乎是毫不犹豫地就想到了这个标题："用童心报答童心"。

从教 30 多年之后的今天，再读本文，感慨万千。我是 1982 年 1 月走出大学校园的，过了春节便踏上了中学讲台。仿佛还是昨天，但时间已经过去 30 多年了。当年 20 岁的小伙子，已经 50 多岁了。但我非常自豪而坦然的是，我胸中的一颗童心，依然和 32 年前一样纯净而透亮！正是这颗童心让我不老，也让 84 届之后的 87 届、90 届、93 届……的历届学生都爱我。前年，我和我的学生参加《小崔说事》节目的录制，一个学生对记者说："李老师不仅是我的老师，更是我的好朋友！"无论我现在有多少"荣誉称号"，都不及这句话更让我骄傲！

2014 年 6 月 8 日

教育漫笔

大凡有事业心的年轻人在刚踏上工作岗位时，都热情有余而思考不足，自信"一分耕耘，一分收获"，因而干劲冲天，却很少想过其他——将遇到的挫折、教学规律、教育理论、前人经验等等，只有等几年过去以后，才会冷静下来，就以前所满不在乎的东西进行思索、学习和研究。我更是如此，三年来，我的工作热情虽然自以为丝毫未减，却一天天感到力不从心，越来越外行了。我在教育学生的同时，也在受教育——被教育实践教育、被教育对象（学生）教育。我越来越感到：包括我在内的一些教育工作者，在强调更新教育思想、改革教育方法、学习最新的现代教育科学理论的同时，往往轻视或忽视了对一些传统的、正统的、古今中外全人类所共有的教育思想的学习和实践。因此，这里我随意漫谈的并不是什么新鲜、独特的思想与观点，而只是我在教育实践中所切身感受到的一些众所周知的前人经验。望能以此与志同道合者一起交流、研究、探讨和争鸣。

1. 没有爱，便没有教育

直到现在，我才初步真正体会到"爱"与"教育"的相互关系以及它所提示的教育科学规律；也只有在这种情况下，我才不得不承认，我以前是把师爱不自觉地停留在口头上，并且把师爱抽象化了。而教育实践使我开始理解这种爱的含义和表现形式。

（1）教育工作者所特有的师爱，首先应是理解学生的精神世界，学会用他们的思想感情投入生活，和学生一起忧伤、欣喜、激动和沉思。

一些教师认为，教师在学生面前固然应平易近人，但不可过分显得"孩子气"，丧失起码的尊严感。我却认为，只要注意环境、场合，只要把握准学生的情感，教师任何"过分"的亲切、幽默、嬉戏都不会是多余的，这只会让学生感到："这老师真有趣！他真是我们的好朋友！"

一段时间，初84届（1）班的男同学酷爱"斗鸡"，无疑，这是很危险的游戏，于是我下令禁止："首先是对你们正在发育的身体不利，其次在教室里、校园里一蹦一跳实在不雅……"在我看来，学生们应理解我的一片好心，况且我已晓之以理，但在学生看来，我是专横地剥夺了他们的自由，于是，"斗鸡"由公开转入地下，这意味着师生之间已产生了不信任。不久，我们班来到通江河滩郊游，我发现，在我宣布自由活动后，一些男同学互递眼色，像在商量什么，但又不好意思说。我看了一下四周柔软的沙滩，忽然明白了，便大声宣布："来，请男同学组织一个'敢死队'，与我'斗鸡'！"孩子们在惊喜中雀跃起来。当我看到男生们一蹦一跳地向我轮番进攻，最后把我击倒在沙滩上，我感到很舒畅：同学们已理解我了，因为我并未扼杀他们的童心。

是的，我认为教育不应违背儿童的天性。当然，"不应违背"并非一味迁就，而是把童趣引导到正当的途径上和允许的范围内，这会使学生的心和教师的贴得更紧。如果教师本人甚至也保持或培养一点"儿童的天性"，那么，简直可以使师生之间的心灵融为一体。为了培养同学生的感情，我努力准确地记住每个学生的生日，并坚持在学生生日那天送去一个小小的礼物，假期时也不例外。参加工作以后的每年正月初一，我都邀约学生带上香肠、小香槟、糕点，一起来到郊外，在欢声笑语、追逐打闹中共度新春佳节。跟孩子们一起捉迷藏、一起"丢手绢"、一起打水仗、一起包抄手……的确是一种享受。

教师与学生在不知不觉中形成的依恋感，有时会产生连教师本人也意想不到的效果。我永远也忘不了1983年11月16日上午的第四节课，那天，我即将去医院病休一周，但班上的情况却使我气愤之极：课堂纪律差，教室卫生差，不少人对集体漠不关心，一把鸡毛掸子不知被谁弄断了，却无人过问……在上课开始时，我压住气愤，悲哀地说道："同学们，我对你们绝望了……两年来，我呕心沥血，换来的却是……"出乎我的意料，全班同学都难过地低下了头，大部分同学竟伏在桌上哭起来，教室里一片抽泣声。我也流泪了。我并未批评哪一个同学，我甚至连一句发火的话也没说，可是每一位同学都感到，是自己让老师伤心了，于是他们也伤心地哭了。我不辞而别一周后回到班上，看到教室已被清扫一新、三把鸡毛掸子插在讲桌上，科任老师反映学生纪律很好（外语老师还不知道这个班一周都没有班主任），每天的读报课，文娱委员毛利便组织大家练歌，为学校的"一二·九"歌咏比赛作准备……这令我欣喜的变化，与其说是靠教育，不如说是靠爱的感化。

（2）师爱的一个重要内容，是教师应尽量（只能做到尽量）不要伤害学生心灵中最敏感的部分——人的自尊感。

在这一点上，我的教训多于经验。我曾多次苦恼过：为什么我把整个身心都献给了孩子们，可一些学生还是对我很冷淡呢？不久前我和一位学生的邂逅，使我找到了答案。那天，我在校园内碰到了原初84届（1）班、现高84级（2）班的付饶。她在我班时，我曾为她花费了大量精力：谈心，补课，不止一次冒着烈日去她家家访，她呢，也很关心我，初一时，她曾悄悄地把治喉病的药从门缝里塞进我的寝室。不料，在那次相逢中，她对我相当冷淡，从仅有的几句交谈中，我甚至感觉到了她对我的反感。最后她以火山爆发般的口气直言道："是的，我对你就是恨……你自以为你是为我好，但是你伤过我的自尊心。你还记得初三时我写的那张大字检查吗？"哦，我想起来了，初三时，她违反了学校纪律，我出于严格要求，责令她写了一份检查，并用大字抄出来贴在校园内。当时我觉得这样做很好，因为之后违反学校纪律的人明显少了，没想到现在……"也许你李老师是对的，'严格要求'嘛，'维护集体荣誉'嘛，可是，我却因此而出名了，'付饶'，全校都晓得了！……"我惊慌于自己当时为何没察觉到她的想法："你为什么当时不对我说你的不满呢？""要毕业了，我怕你……所以，心里不服还是假装诚恳，写了检查……"这之后到现在，付饶每次碰到我都不搭理，但我却不怪她，甚至还感谢她，因为通过她，我毕竟得到了一个有益的启示：如果我们在无微不至地关心学生的同时，又不知不觉地伤害学生的自尊心，那么，这好比是我们一方面热心播撒师生感情的种子，一方面又在粗暴摧残师生感情的幼芽。

在1984年秋季运动会上，我参加了男子1500米长跑，在我筋疲力尽之际，我听到跑道旁一个胆怯、羞涩的声音："李老师，加油！……"人声鼎沸之中，这一声最动我心弦，因为这是高84级（1）班耿梅的声音，她在初中时，曾被我伤过自尊心。在初中毕业那天，我叫学生给我写一封信，专门提意见，"发泄不满"，耿梅这样写道："李老师，您还记得吧，初一时，有一次我惹您生气，您找来了我的家长，并且当着全班同学的面不点名地说我是'厚脸皮'，当时我不服气地争辩了几句，您便叫我站起来，列举了我'厚脸皮'的六个标志，同学们都盯着我，我没哭。当然您也许是对的，但您却伤了我的心。"读着这封信，我的内疚之情是难以形容的，我甚至想再教一遍这些同学。我想：如果这些同学记恨我，也是我"罪有应得"！但是，耿梅并未记恨我，并且在我危急的时候送来一股温暖的力量，我怎不感到惭愧？

"要是付饶也能像耿梅一样就好了。"我常想。但是，我清醒地认识到：我们的教育对象，更多的是付饶，而不是耿梅，因而我也没有理由因付饶而感到委屈了。

上学期，初84级（1）班的男生彭涛有一次撒谎了，气愤之中，我把他叫到讲台上，当着全班同学狠狠地批评了一顿，好多天，这个学生都闷闷不乐，我猛然意识到，我在"杀一儆百"的同时，又刺伤了一个孩子的心灵，我真是"本性难改"！于是，我及时找他谈心，并诚恳道歉。可是，过了不久，彭涛又欺骗老师、家长，他感到自己不可饶恕，李老师肯定会从严处理，可是我一点儿也没批评他，更没让全班同学知道此事，只是对他说："相信你会改正。"果然，这之后他表现得很出色，不仅没有再撒谎，而且多次要求当班干部，他向全班同学声称："我有能力当好班干部，请同学们不要小看我！"我想：假如他第二次撒谎时，我又当着全班同学批评他，那么他是绝对不会有现在这种自信乐观、朝气蓬勃的精神面貌的。

因此，我越来越信服这种观点：教师想尽量直截了当地帮助学生改正缺点，把他的缺点公之于众，以使其他学生从中吸取教训，不犯类似的错误，这种方法是最不成功的，因为这无异于开"批判会"，把孩子心灵中最敏感的部分——自尊心、个人尊严、自豪感，统统暴露于外，并使之受到伤害，这种教育所造成的损失是难以估量、无法弥补的。

（3）教师对学生的爱，不仅仅是对自己所直接教的学生的爱，还包括对其他——外班的、其他年级的，甚至是外校的——学生的爱。

我曾两次出手打学生，而且在打的时候我都认为是出于对本班学生的爱护。一次是因为高84级（1）班的陈军到我班来捣乱，另一次是因为高84级（2）班的韦庆春在打篮球时欺侮我班同学。两次打了学生后，我都认为自己是正义的。不错，老师不能打学生，这是小孩也懂的道理，但我打的不是学生，是"流氓"。在这种思想的"指导"下，学校领导多次找我谈心，我都不服气。"要爱学生！""严格，严格，严而有格。""你不是在给学生读《爱的教育》吗？"校长喋喋不休地教育、开导我，我却感到委屈万分："什么？我不爱学生？……"

我班学生是怎么看此事的呢？当然，大多数学生是支持我的："就是该打！谁叫他欺侮我们，侮辱李老师呢？"这几乎是所有学生日记的主旋律。但是，也有不少数学生直言道："老师无论如何也不应该打学生。"有一位学生在日记中写道："您说您不是他（指陈军）的老师，可是在所有看见您打人的学生眼中，您当然还是老师。"随着年级的增高，不同意我打学生的人越来越多了，并以不同的方式教育着我，这在毕业那天学生给我的信中体现得尤为突出。

从这个例子可以看出：第一，以厚此薄彼的态度对待学生，并不是真心爱学生，所"爱"的那部分学生，实际上成了班主任的私有物，因而这种"爱"是自私的，与师德是格格不入的。第二，对外班学生的轻视、敌视、任何不负责任的粗暴对待，同样会在本班学生中损害自己的形象，降低自己的威望，甚至给学生带来不好的影响。

因此，我现在真诚感谢学校领导和不少老师对我的帮助，我应随时提醒自己：你是中华人民共和国的人民教师，而不仅仅是某班的班主任；你周围所有的少年都是你的教育对象，你对他们都负有同样的爱和教育的义务。

（4）教师以爱来教育学生，其成效如何，主要是看其所教的学生是否也具备了爱他人的良好品质。

爱，既是教育的手段，又是教育的内容。我们对学生充满真挚的情感，这会使学生乐意接受我们的教育，但如果仅限于这一点，那么，师爱的作用还远远未发挥尽。爱的教育的最终目的，是使学生感受到老师无私的爱后，再把这种无私的爱自觉地传播出去。

我们现在的学校教育，不能说没有进行爱的教育，相反，这类教育还是相当轰轰烈烈的——"爱国主义""五讲四美三热爱"的作文比赛、演讲比赛、壁报比赛搞得热火朝天，但是，我总感到（恕我斗胆直言）不少学生是在言不由衷地慷慨激昂，这不是因为孩子们虚伪，而是对于十二三岁的初中生来说，这些"热爱"未免太抽象、太崇高（对高中生来说又何尝不是呢？），在他们眼里，祖国之所以可爱，就是因为有"四大发明"、有"九百六十万平方公里土地"、有"屈原、孙中山"。因此，我固执地认为，不管"热爱"什么，首先要热爱周围的人——爸爸、妈妈、哥哥、妹妹、邻居、老师、同学、旅途上偶然相识的伙伴、路上每一个普通的公民，热爱周围的环境——教育、校园、家乡的山水、所在城市的街道、宿舍大楼。如果学生对这一切都没有感情，那么，所爱之国又从何而来呢？

因此，我认为，特别是对于初中生来说，德育的起码要求（同时也是最高要求）就是集体主义教育。学生不守纪律、学习松懈、劳动不认真，甚至撒谎，都可以原谅，而对别人漠不关心，则是最不能容忍的。我们很难想象，一个对别人的痛苦麻木不仁，甚至幸灾乐祸的学生，会真诚地忠于祖国、忠于人民。

基于这种指导思想，从初84届（1）班起，我就有意识地注意对学生进行关心他人、热爱周围一切的教育。我把意大利作家亚米契斯的《爱的教育》作为学生必读的德育教材。我在班上立下规矩：凡是学生病休三天以上，班里必须派人去慰问；病休一周以上，班主任再忙也要亲自去看望。对于那些由于特殊原因，不能经常享受家庭温暖的同学，更应关心。李志英的家在仁寿县，但每当五一、十一和元旦来临，她都不会孤独，因为自会有关心她的同学们。在班里的中秋节团圆会上，不少同学还送给她月饼呢！

当然，要叫学生做一两件关心同学的好事，是极容易的，教师的任务是要努力教会学生自觉地关心每一个同学（而不仅仅是关心自己的好朋友）。在初84届（1）班，我发现姜茹、王琦、彭霞、杨虹几个女同学神情、动作异常，许艳、文丽还在课堂上互递纸条，经我反复调查，原来她们是在"策划"怎样捐款援助伍建同学。伍建是班上极不显眼的男同学，既不是三好学生，也不是班干部，学习成绩也不是很理想。因他父亲去世，家里困难，他便不想读书了。女生们听说后，不顾平时非常顾忌的严格的"男女界限"，积极发动全班筹款为他缴书学费。她们在给班长马庆的纸条上写道："这件事一定不要让李老师和伍建知道。"这使我看出学生们高度的自觉性和纯洁的心灵。一位同学在日记中写道："《爱的教育》中，资本主义国家的儿童都知道关心、同情别人。我们社会主义新中国的少年更应关心别人，富有同情心。"学生们所表现出来的极真挚的情感和关心他人的"本能"，是无法用什么分数来衡量的。

难道我们还担心学生们这种无私的感情不会升华为对祖国的爱吗？学生们初中快毕业了，有同学提出捐款抢救大熊猫，我当然赞成。但是用什么方式呢？叫学生们自愿把钱交到我这里吗？或者叫班干部负责登记捐款者以及数目吗？如果这样，多少会使一些学生碍于面子而不得不交，这也就降低了捐款的意义。于是，我放了一个蓄钱罐在教室里，宣布："愿捐就捐，多少不限，不记姓名。"结果学生们果真没让我失望。我感到无比欣慰，因为同学们捐款都是出于高度的自愿——为了祖国。

这使我想起苏联杰出的教育家苏霍姆林斯基关于爱国主义教育的一个观点：不应把爱国主义教育形式化，只是让学生进行"热爱祖国"的作文、讲演比赛，而应该引导学生通过自己的一言一行实实在在地爱祖国。

2.教会学生自己教育自己

在当前的教育改革中，有一个很新颖的观点：培养学生干部的自治能力，让学生自己管理自己。这相对于过去什么都由老师一手包办，无疑是一个很大的进步。但是，我认为，仅仅做到让学生自己管好自己是远远不够的。单纯叫学生自己组织一次活动并不困难，小学生都可以自己组织一场相当成功的足球赛。因此，学生政治思想工作的改革，应着眼于教会学生自己教育自己，而干部自治能力的培养，仅仅是达到这个目的的手段之一。

（1）教会学生自己发现自己身上美好的东西，并自觉地将它巩固和发展，以逐步战胜自身的缺点。

我们往往视学生的心灵为未开垦的处女地，而总想在这片不毛之地上播种、耕耘、收获。于是，说教式教育产生了：总是企图在学生"空荡荡"的思想容器里注入些"美好的思想"。其实，至少对初中生来说，他们的心灵中本来就存在着固有的美德因素。因为从幼儿园起，他们就受着来自不同方面的良好教育；到了初中阶段，即使是品德再恶劣的学生，其心灵中也有美好的东西。所以，我们面对的教育对象，绝不是一块处女地，而是一片已经或正在生长着美好幼苗的肥沃田地。教师的责任，在于发现、扶正学生心灵土壤中的每一株幼苗，让它们不断壮大，最后排挤掉缺点的杂草。因此，教育工作者面对学生，首先不是"灌输"，而是"发现"；同时也教会学生自己"发现"，自己克服缺点。

初84届（1）班有个男生韩军，在初一、二时，让许多老师头疼：课堂纪律较差，常常说话打闹，当然也有安静的时候——打瞌睡；学习更是懒散，我多次留他补作业，直到天黑；他的成绩当然很差。我多次找他谈心，阐述学习的重要性，不厌其烦地家访，这些都收效甚微。但我发现他有个很可贵的品质：劳动时极为踏实，从不耍滑头。于是我多次在班上表扬他这个优点，同时又惋惜地对他说："唉，要是你在学习上也敢于吃苦就好了。"游淑芳老师也经常问他："韩军，你劳动这么出色，你的学习怎么样呢？"另外，他爱好无线电，但他家里极为反对，不准他订《中学科技》，我对他说："我支持你爱好无线电，《中学科技》就订在我这里吧。但是，你的学习很差，肯定会影响你的这个爱好……"这一切，显然触动了韩军的心灵，渐渐地，在学习上他明显地刻苦起来，早起晚睡地学习，在课堂纪律上也进步了，最后，在初中毕业时，令人惊讶地考上了重点高中。他学习态度和学生成绩的巨大变化，是足以说明学生是可以利用自己的优势，战胜自己的缺点的。

教会学生自己发现、认识自己的优势，并保持、发展这种优势，不断自觉地战胜自己的弱点，这是思想教育的艺术所在，真正掌握这门艺术，需要终身的探索和奋斗。

（2）让集体舆论影响、促进后进学生的转化。

让学生自己教育自己，既是指教会每一个学生自我教育，也包括让集体中的一部分学生影响、感化、促进另一部分学生。就目前的学校教育现状而言，后者更重要。

我们往往赞美这样的班主任，他总是善于通过促膝谈心对个别学生进行循循善诱的思想教育。不错，个别帮助有时是很有效的，仍值得提倡，但这绝不是最科学的方法。第一，教师如果把过多的精力花在个别谈心上，以至于无暇顾及其他大量的工作，几乎是得不偿失。第二，对一个"顽固不化"的学生多次谈心，往往只能使他心生厌恶、反感，越来越满不在乎。我就常常陷于这种"山重水复疑无路"的困境之中。但是，在这种情况下，运用良好的集体舆论，或许会"柳暗花明又一村"，通过学生影响学生，往往会收到比个别谈心更好的效果。

初84届（1）班的薛梅最使我感到棘手，她从小失去父母，因而家庭教养极差，而且脾气很怪，对什么都很冷淡，集体观念也很差，我找她谈了几次，她明显地很反感，于是我决定通过同学来影响她。一次，她在校园里随地扔果皮，被罚扫校园，我没有批评她，而是悄悄叫彭艳阳、王小勤几个同学去帮她扫地，以此感化她。我还叫组长多接近她，首先是和她建立感情，然后再引导她参加一些集体活动，比如帮班上抄黑板报，为同学的壁报画插图等。最终，她对集体有了明显的热情，这不能不说是因为受到了同学的影响。

从初84届（1）班到初84级（1）班，我都在班里设立了书柜，书籍、杂志的借阅办法是学生随看随取，自由取书，看后自觉放回书柜。迄今为止，还没有丢失过一本书或杂志。这当然不能说明这两个班的学生都绝对诚实。有的学生也许产生过偷书的念头，有的学生也许在别处有过拿摸行为，但是，我敢肯定，凭着集体强大的正面舆论，也凭着对班集体的热爱，这些学生会意识到：在这个集体的小小范围内，是不应该偷偷地把书窃为己有的。我想：这种风气不是靠对一百多名学生逐个谈心所能铸就的。

需要特别强调的是，让集体的舆论影响每一个学生，有一个关键的前提，那就是教师得首先设法造就一个良好的集体，离开这一点谈集体舆论的影响则成了"无米之炊"。

（3）学生干部的培养，是通过学生的自我管理，达到学生的自我教育。

学生干部自治能力的培养，已越来越引起教师，特别是班主任的重视了。上海一些中学的教改经验证明：让学生自己管理自己，绝不仅仅是为了减轻教师的工作量，而是把这作为学生自我教育的好形式。因此，我们在培养学生干部时，不要仅仅满足于让学生独立组织几次活动或主持几次会议，而应着眼于让学生干部通过实际工作，培养献身精神和进取精神，使学生自己发现自己的能力，从而认识自我，表现自我，让自己的个性得到充分的发展，增强对生活的自信心。同时，使学生之间展开平等的道德、纪律教育，并锻炼他们的组织、管理、演说等能力。

在组建初84级（1）班第一届班委会时，我先让同学们选出了他们自己满意的正、副班长，然后我宣布由两位班长自己确定、任命班委。由于刚进初中，大家还不熟悉，这无疑给两位班长出了一道难题。因此我决定发动大家自荐，以培养更多人的奉献精神。于是，我以布什为竞选总统穿着印有"请选我当总统"字样的背心长跑宣传、罗马尼亚的中学生如何参加学校管理等为例，教育大家：一个人从小就应有自信心、进取心和为公众、为社会尽职献身的精神，这绝不是出风头和骄傲，而是高尚、正直和勇敢的体现。果然，放学后，30多位同学涌到班长那里报名。两位班长为了照顾众多的报名者，决定一个委员设两名，整个班委任期两个月，"第二梯队""第三梯队"随时准备接替"不称职的班委"！这既是对未任命者的安慰，又是对新干部的警策。13人组成的班委，可谓机构臃肿，但是为了争取连任，干部们不得不挖空心思地没事找事干，于是生活委员卢文昭的"红领巾银行"成立了，宣传委员沈建的小报《鸣蝉》出版了，劳动委员潘芳奕的"卫生惩罚条令"制定出来了，文娱委员罗晓宇的"五线谱讲座"也开始了……总之，新干部的荣誉感和少年儿童的自我表现欲望促使工作的主动性、创造性产生了。

要使学生干部担负起教育同学、维持纪律的重任。我从不要求小干部给我汇报某同学的坏表现（以免造成同学与学生干部的对立），我对小干部们说："如果同学不守纪律，你们应设法帮助、制止他。动辄告状，是推卸责任的表现。"这样，学生干部不得不去思考工作方法。上学期第 22 周的一节自习课，我来到教室，往日的喧闹竟被鸦雀无声代替了，进去一看，同学们静静地在自习，但有两个学生流着泪站在座位上。无疑，学生干部用罚站的方式镇住了课堂纪律，这在教师看来，是不足取的方法，但是对学生来说，这却是他们自己管教自己的一个大胆创举。我们可以设想，久而久之，不仅是学生干部，就是全班同学也将意识到，良好的课堂纪律得靠自己创造。

如果学生具备了献身精神和进取精神，那么，他们会自觉乐意地去组织每一次班级活动，维持班上的好风气，想方设法帮助后进同学，这样，学生干部工作热情的源泉，就由兴趣、表现欲上升为一种义不容辞的责任感了。如果教师善于培养并保持、发展这种责任感，那么，它将会由对一个班集体发展升华到对整个社会、伟大祖国的责任感，这——才是我们培养学生自治能力的根本目的。

1985 年 2 月 16 日—19 日（除夕）

 **整理附记**

这是我参加教育工作后的第一篇教育文章。记得在 1985 年那个除夕，我在母亲家里写完《教育漫笔》最后一个字时，窗外响起了阵阵迎接牛年的爆竹声。那时，我不知道我第一次写的这篇有关教育的文章算不算"论文"（我甚至不好意思跟同行说我在写"论文"），更不敢相信后来在我偷偷地把它投寄到北京的《班主任》杂志后居然能被连载，但是，当时我心中实在是充满了一种丰收的喜悦！今天读来，虽然感到文章十分稚嫩，但我仍然十分激动和欣慰——激动于当年的那颗赤诚的童心，欣慰于这颗童心我一直保持到现在。

感谢当年《班主任》杂志发表我这篇幼稚的文章！对我来说，本文发表的意义远不在世俗的功利方面，而是给了我一个鼓励：原来教育论文可以这样写，而且完全可以这样写！从那以后到现在，近30年过去了，我发表了上千篇教育文章，出版了六十多部教育著作，而教育写作的起点就是本文。

2014 年 6 月 8 日

"真教育是心心相印的活动"

——学习陶行知伟大的师爱精神

在重新学习陶行知教育思想时，先生有一段话特别震撼我的心灵：

"要想完成乡村教育的使命，属于什么计划方法都是次要的，那超过一切的条件是同志们肯不肯把整个的心献给乡村人民和儿童。真教育是心心相印的活动。唯独从心里发出来的，才能达到心的深处。"

读着这段话，我很自然地想到了今天的素质教育。说到素质教育，不少教育者往往更多的是把眼光投向教学内容、教学方法、教学设备、考试制度等等的改革，这些当然是必要的，但是我认为，素质教育绝不仅仅是教育技术层面的事，它首先是一种充满情感的教育，是充分体现教育者爱心与童心的教育，是"心心相印的活动"。

离开了情感，一切教育都无从谈起。

当年陶行知所提倡的"乡村教育"是这样，今天我们所呼唤的"素质教育"也是如此。

正是在这个意义上看，陶行知教育思想与实践中体现出来的伟大的师爱，不但对今天的教育现实有着强烈的针对性，而且与目前党和国家所提倡的素质教育息息相通。

也正因为如此，今天的每一位教育者重温一下陶行知有关师爱的论述，感受他那对孩子的一颗晶莹纯洁的爱心，不但应该，而且很有必要。

1. 奉献之心："不要你的金，不要你的银，只要你的心"

爱就意味着奉献。从古到今，教育在人们眼中都是充满无私奉献精神的神圣职业。但令人遗憾的是，在社会主义市场经济大潮汹涌澎湃的今天，一些教育者自觉不自觉地习惯用商业化与功利化的眼光来衡量自己的职业，以致逐步丧失了最崇高的精神境界。麻木、冷漠或者虚伪、势利弥漫在一些教师、学生及其家长之间。（参见1998年4月28日《中国青年报》:《我为孩子讨说法》）教育者因此失去了陶行知先生所说的"人格的长城"，教育也因此失去了"心心相印"的情感魅力。

陶行知于1928年在纪念晓庄试验乡村师范建校一周年的演说中，这样真诚地大声疾呼："乡村教育之能改造，最要紧的是要问我们肯不肯把整个的心献给乡村儿童。……倘使我们肯把整个的心捧出来献给乡村儿童，那末，无论如何困难，必有达到目的的一日。否则天天背诵教学做合一，也是空的。我今天要代表乡村儿童向全国小学教师及师范生上一个总请愿:'不要你的金，不要你的银，只要你的心。'"

"人生为一大事来，做一大事去。"陶行知不但是这样说的，更是以自己身体力行的实践，向孩子们也向他所热爱的老百姓捧出了他的一颗心。作为曾师从杜威的留洋学生，他本来已是一位大学教授、教务主任，但为了改造中国的教育，为了"要使全中国人民都受到教育"，他毅然脱下西装革履，抛弃大学教授的优裕生活，穿上布衣草履，奔赴乡村，为中国最下层的劳动人民从事着他最神圣的教育事业。他说:"只要是为老百姓造福，我们吃草也干。"他还鼓励他的儿子:"到最信仰民为贵的地方去作最有效的贡献。"这是何等崇高的人生观，又是何等彻底的奉献精神！

先生不仅自己有奉献之心，而且还反复强调要教育学生有奉献之心。他认为，"最重要的教育是'给的教育'，教小孩拿出小小的力量来为社会服务。人生以服务为目的，不是毕业后才服务。在校时，就要在服务上学习服务。"正因为如此，他无情抨击中国旧教育是"走错了路"，因为这种教育不是教学生"给"而是教学生"拿"，他进而把这种教育抨击为"吃人的教育"："传统教育，他教人劳心而不劳力，他不教劳力者劳心。他说：'劳心者治人，劳力者治于人。'说得明白一点，他就是教人升官发财。发谁的财呢？就是发农人、工人的财，因为只有农人、工人才是最大多数的生产者。他们吃农人、工人的血汗，生产品使农人、工人自己不够吃，就叫做吃人的教育。"在《育才学校创办旨趣》中，先生明确地说："有人误会以为我们要在这里造就一些人出来升官发财，跨在他人之上。这是不对的。我们的孩子都从老百姓中来，他们还是要回到老百姓中去，以他们所学得东西贡献给老百姓。"

"捧着一颗心来，不带半根草去。"先生正是以他这一颗伟大的爱心滋润着无数颗童心，也培养出了无数的爱心。这样的爱心，不也正是我们今天一些教育者所缺乏的吗？

2. 理解之心："我们要懂得儿童"

对儿童来讲，师爱还有一个很重要的含义，这就是理解。

所谓对孩子的理解，用陶行知的话来说，就是"我们要懂得儿童"。我认为这句话至少有两个重要的含义：第一，懂得儿童特有的心理活动及思想感情；第二，善于发现并发挥儿童潜在的创造力。

陶行知多次告诫教育者："我们必须会变小孩子，才配做小孩子的先生。"所谓"会变小孩子"，我的理解就是教师要尽量使自己具备"学生的心灵"——用"学生的大脑"去思考，用"学生的眼光"去看待，用"学生的情感"去体验，用"学生的兴趣"去爱好！对此，先生还有一段十分感人的话："您不可轻视小孩子的情感！他给您一块糖吃，是有汽车大王捐助一万万元的慷慨。他做了一个纸鸢飞不上去，是有齐柏林飞船造不成功一样的踌躇。他失手打破了一个泥娃娃，是有一个寡妇死了独生子那么悲哀。他没有打着他所讨厌的人，便好像是罗斯福讨不着机会带兵去打德国一般的怄气。他受了你盛怒之下的鞭挞，连在梦里也觉得有法国革命模样的恐怖。他写字想得双圈没得着，仿佛是候选总统落了选一样的失意。他想你抱他一会儿而你偏去抱了别的孩子，好比是一个爱人被夺去一般的伤心。"

一个伟大的教育者，对儿童的心灵世界竟有如此细腻的感受和深刻的理解，我们只能说，陶行知先生的一颗真诚博大的爱心同时又是一颗纯洁无瑕的童心！教育者这样的童心，不正是我们今天的素质教育所必不可少的"精神软件"吗？

正因为陶行知先生真正把儿童看作儿童，深入他们的世界，理解他们特有的心理，所以，他同时又不仅仅把儿童看作儿童，因为他在和儿童心心相印的过程中发现了他们潜在的创造力。理解儿童不同于大人的思想感情，同时又尊重儿童不亚于大人的创造能力，这突出体现了陶行知先生充满辩证色彩的儿童观。

先生曾这样深情地告诫师范生："未来的先生们！忘了你们的年纪，变个十足的小孩子，加入在小孩子的队伍里去吧！……你立刻会发现小孩子的能力大得很：他能做许多你不能做的事，也能做许多你以前以为他不能做的事。等到你重新生为一个小孩子，你会发现别的小孩子是和从前所想的小孩子不同了。"针对那些无视学生创造力甚至用粗暴手段压制学生创造力的教师，他还这样愤慨地抨击道："你这糊涂的先生！你的教鞭下有瓦特，你的冷眼里有牛顿，你的讥笑中有爱迪生。你别忙着把他们赶跑。你可要等到坐火轮，点电灯，学微积分，才认得他们是你当年的小学生？"

这些充满感情的话，仿佛就是针对今天我们的一些教育现实所说，因而今天听起来，我们还觉得是那么振聋发聩。这究竟是因为先生的教育思想具有深远的历史穿透力呢，还是因为中国教育改革的步履太缓慢也太沉重了些？

3. 平等之心："拜小孩为老师"

从某种意义上说，陶行知的伟大正在于他对学生真诚的平易亲切。他说："我们希望今后办训育的人要打破侦探的技术，丢开判官的面具。他们应当与学生共生活、共甘苦，做他们的朋友，帮助学生在积极活动上行走。"他还说："我们最注重师生接近，人格要互相感化，习惯要互相锻炼。人只晓得先生感化学生锻炼学生，而不知学生彼此感化锻炼和感化锻炼先生力量之大。先生与青年相处，不知不觉的，精神要年轻几岁，这是先生受学生的感化。学生质疑问难，先生学业片刻不能懈怠，是先生受学生的锻炼。"

正是这样真诚平等的态度，不但使先生赢得了他所有学生的由衷爱戴，也不仅使他自然而然地走进了学生的心灵世界，更重要的是，使他心甘情愿拜学生为师；他也因此成为中国最伟大的教育家之一，而且也成为无数孩子及广大平民百姓最真诚的朋友！

毋庸讳言，由于种种原因，中国封建文化的残余至今还阻碍着我们的教育走向民主与科学。在师生关系上，一些善良的教师往往不知不觉甚至是"好心"地损害着学生的尊严和感情。在某些学校，师生关系成了"我管你从"的君臣关系；在某些课堂上，不但没有师生的平等交流，共同研讨的民主气氛，反而存在着唯师是从的专制色彩。如此专制的教育，焉能培养出未来中国的主人和21世纪所呼唤的新人？

　　爱学生，就必须善于走进学生的情感世界。而要走进学生的情感世界，首先就必须把自己当作学生的朋友，去感受他们的喜怒哀乐。"您若变成小孩子，便有惊人的奇迹出现：师生立刻成为朋友，学校立刻成为乐园；您立刻觉得是和小孩子一般儿大，一块儿玩，一处儿做工，谁也不觉得您是先生，您便成了真正的先生。"在先生那里，师爱的最高境界不是母爱，也不是父爱，而是朋友之爱，同志之爱，因为这种爱的基础是平等：以感情赢得感情，以心灵感受心灵。

　　有些教师总喜欢在学生面前表现出"高深莫测""凛然不可侵犯"的"派头"，从中体验着自己的"尊严"。其实，这不是尊严，只是威严。真正的尊严是敬重而非敬畏。师生在人格上应是绝对平等的，教师不应自视比学生"高人一等"。因此，我们对学生的爱，不应是居高临下的"平易近人"，而应是发自肺腑的对朋友的爱。这种爱的表达既是无微不至的，又是不由自主的：上课时，面对学生的问候，我们不是礼节性地点点头，而是充满真诚感激之情地深深鞠躬；气温骤降，我们感到寒冷时，也自然急切地提醒学生"多穿一件衣服"；学生生日到了，笑眯眯地送上一张贺卡；节假日，邀约学生（或被学生邀约）去远足郊游、去登山探险；在课余，与学生一起评论甚至争论一下印巴核试验的影响、中东和平的前景或世界杯足球赛的风云……

　　教师真正的尊严，从某种意义上讲，并不是我们个人的主观感受，而是学生对我们的道德肯定、知识折服和感情依恋。当我们故作尊严，甚至以牺牲学生的尊严来换取自己的尊严时，学生根本不会买我们的账，只会向我们投来冷漠的眼光；当我们"无视"自己的尊严，而努力追求高尚的品德、出色的教育、真诚的感情，并随时注意维护、尊重学生的尊严时，学生会把他们全部的爱心和敬意奉献给我们。这样，我们便把自己尊严的丰碑建在了学生的心中！

4. 责任之心："创造出值得自己崇拜的学生"

对学生的热爱、理解、尊重，是使教育成功的必不可少的条件，但还不是教育的最终目的。对于一位有事业心的教育者来说，真诚地与学生交朋友，无疑能使他的教育充满更多的人情、人性和人道；但如果仅止于与学生交朋友，则无异于放弃了自己的神圣使命。因此，对学生的爱，最终还要体现在为学生的未来人生负责，为民族的未来负责。

换句话说，一名真正的教育者，应该具备童心、爱心和责任心：童心使他能走进儿童的心灵，爱心使他能"把整个心灵献给孩子"，而责任心则能使他站在人生和时代的高度，着眼于儿童的未来与社会的未来培养出"追求真理的真人"。陶行知先生正是这样的教育家。

我认为，最能体现先生人生观、价值观和责任心的，是他的一段非常朴素而又十分精辟的话："教师的成功是创造出值得自己崇拜的人。先生之最大的快乐，是创造出值得自己崇拜的学生。"

那么，在先生看来，什么是"值得自己崇拜的学生"呢？

首先，要有改造中国的抱负。"我们要到民间去的学生，不要到天上去的学生。倘使因为环境不好即思迁，那么，城里不好搬到乡下，中国不好搬到外国，外国不好，再搬到什么地方去呢？学问之道无他，改造环境而已。不能把坏的环境变好，好的环境变得更好，即读百万卷书有何益处？"第二，是"人中人"而不是"人上人"。他说："做人中人的道理很多，最要紧的是要有'富贵不能淫，贫贱不能移，威武不能屈'的精神。这种精神，必须有独立的意志，独立的思想，独立的生计和耐劳的筋骨，耐饿的体肤，耐困乏的身，去做那不动摇的基础。"第三，要有科学的精神。"我们要极力地锻炼学生，使他们得到观察，知疑，假设，试验，实证，推想，会通，分析，正确，种种能力和态度，去探求真理的源泉。"第四，要有创造力。"教育不能创造什么，但他能启发解放儿童创造力以从事于创造之工作。"……

所谓"真教育是心心相印的活动"，我的理解就是：人格只能用人格去铸造，情感只能以情感去点燃，而能力也只有靠能力来培养。应该说，先生本身就是有救国抱负、有大丈夫气概、有科学精神、有创造力的"大写的人"，而造就出千千万万这样的"真人"，让自己的学生超过自己，更是先生一生不懈的追求。这是何等崇高的理想，又是何等博大的胸怀！这是先生伟大师爱的最高体现！

我们现在的素质教育，不正是提倡教育学生"学会做人，学会求知，学会健体，学会创造"吗？对比一下先生当年的教育理想以及他对学生的培养目标，我们会深深地感受到，从某种意义上讲，今天的素质教育正是当年先生教育改革的继续。

早在1986年，江泽民同志就这样高度评价陶行知先生："陶先生著作宏富，论述精当，与当前的社会主义教育学息息相通，堪称中国近代史上的'一代巨人'。"李岚清同志也曾这样题词道："以陶行知先生为楷模，为办好我国全民素质教育作贡献。"

师德和师爱，当然不是什么新潮的教育观点；但我们把半个多世纪之前的陶行知教育中的师爱思想同面向新世纪的素质教育相提并论，也并非牵强附会的联系。这不仅仅是因为现在还有不少教育者并未真正解决这个问题，更因为在实施素质教育的过程中人们越来越深切感到，使学生高素质的前提，是教育者高素质，而在教师素质的诸多因素中，对学生的奉献之心、理解之心、平等之心、责任之心等教师"非智力因素"是第一位的。还是那句老话，没有对学生发自内心的爱，就没有任何真正的教育。

写到这里，我不禁想冒昧地把本文开头所引用的先生的那段话作个小小的改动用以自勉，并献给今天每一位真诚拥护并勇敢实施素质教育的同志——

要想完成素质教育的使命，属于什么计划方法都是次要的，那超过一切的条件是同志们肯不肯把整个的心献给祖国人民和儿童。真教育是心心相印的活动。唯独从心里发出来的，才能达到心的深处。

1998 年 6 月 18 日—20 日

 **整理附记**

本文为中国陶行知研究会 1998 年年会而写。陶行知是我最崇敬的中国 20 世纪的教育家。就像我把苏霍姆林斯基称为"苏联的陶行知"一样，我把陶行知称作"中国的苏霍姆林斯基"。因为从某种意义上看，他们二人都是真正的"平民教育家"。陶行知最伟大的地方，在于他的教育是面向最基层的劳苦大众的，他的透明的爱心始终是向最广大的劳动人民敞开的。对比我们现在一些热衷于培养"贵族""天才""神童""精英"的应试教育，陶行知堪称素质教育的先驱！今天的中国，学陶师陶的呼声似乎前所未有的高涨，但我们的许多做法，恰恰远离陶行知的教育理想。因此，不喊口号，朴素实践，将陶行知的思想落实于我们每一个教育行为中，就是对陶行知先生最好的纪念。

2014 年 6 月 8 日

追随苏霍姆林斯基

——纪念著名教育家苏霍姆林斯基诞辰 80 周年

当我写下"苏霍姆林斯基"这个名字的时候，我心中首先升起的与其说是崇敬，不如说是亲切——在我心目中，他从来都不仅仅是一位学识渊博、思想深刻的教育家，更是一位和蔼慈祥的长者，一位充满童心和爱心的真诚的朋友。

第一次听说苏霍姆林斯基，是我刚参加工作那一年。有一次，一位和我一起分到学校的同事兴致勃勃地给我介绍苏霍姆林斯基，并主动借给我看一本名叫"给教师的一百条建议"的书。我随便翻了一下，没引起多大的兴趣——那时的我，自以为自己的"素质""能力"至少应付中学语文教学和班主任工作是绰绰有余了，没必要也没兴趣还去读这些"闲书"，何况还是一个名字特别不好记的苏联人写的！

不久，我因打学生而被学校领导批评。在反思的那段日子里，我第一次认真读了苏霍姆林斯基的《要相信孩子》。可能是因为我几个月的教育实践使我有一些切身体会了，也可能是因为当时苦闷迷茫中的我在潜意识里有着寻求理论帮助的渴望，总之，这本定价0.36 元的薄薄的小册子很快吸引了我。而且，现在想起来，当时这本书的意义远远不只是有助于我对自己所犯错误的反省，更为我开启了一扇教育思想的大门。后来，这本小册子在同事借阅过程中丢失了，但书中苏霍姆林斯基所反复强调的一个重要观点，至今还是我坚定不移的教育信念——

"我们的教育对象的心灵绝不是一块不毛之地，而是一片已经生长着美好思想道德萌芽的肥沃的田地，因此，教师的责任首先在于发现并扶正学生心灵土壤中的每一株幼苗，让它不断壮大，最后排挤掉自己缺点的杂草。"

随后，我不但重新借阅了《给教师的一百条建议》，而且还阅读了我所能买到或借到的所有苏霍姆林斯基的著作：《给教师的建议》《巴甫雷什中学》①《关于人的思考》《让少年一代健康成长》《怎样培养真正的人》《少年的教育和自我教育》《论劳动教育》《爱情的教育》《家长教育学》……我曾在我写的《爱心与教育》的引言中说过："可以说，苏霍姆林斯基的思想，是在我教育生涯的早晨投下的第一缕金色的霞光。"

苏霍姆林斯基以他真诚的人文关怀和富有魅力的思想以及充满韵味的语言征服了我。可以毫不夸张地说，从20世纪80年代中期开始一直到现在，我真正成了苏霍姆林斯基的"追星族"的一员！

是的，我不否认我的确是在用整个心灵迷恋苏霍姆林斯基，因为在我的眼里，苏霍姆林斯基的魅力是无法抗拒的。我曾经在三峡旅游时的轮船上进入苏霍姆林斯基的《巴甫雷什中学》，心中激起的感情潮水随长江的波涛一起翻滚；我曾经坐在医院的病房里，一边守候病中的妻子一边和苏霍姆林斯基一起进行"关于人的思考"——夜深人静的午夜时分，整个宇宙似乎只有我和苏霍姆林斯基在倾心交谈……这种体验不知有过多少次了，但每一次都让我感到说不出的惬意：当我打开他的书，一股亲切而温馨的气息便扑面而来，耳畔似乎便响起了一位慈爱长者诚恳的忠告和叮咛；而当我合上书，思想的天空万里无云，我思维的翅膀会继续沿着苏霍姆林斯基所照亮的航程自由自在地飞翔……多少次我甚至痴痴地幻想：如果能亲赴巴甫雷什中学见一见我所崇敬的这位教育导师，那将是

① 亦译作《帕夫雷什中学》——编者注。

多么幸福的事啊！1991年，当苏联解体的消息传来，仅仅因为苏霍姆林斯基，我就唏嘘叹了好几天！十几年来，不知什么原因，"苏霍姆林斯基"的名字出现在我国报刊上的频率并不高，以致当我和一些教育同行津津乐道地谈起他时，别人往往不知我说的是谁。所以，前几天，当我看见《中华读书报》的一则出版广告上赫然标出"纪念苏霍姆林斯基诞辰80周年出版苏霍姆林斯基著作"时，我本能地兴奋了许久，两只眼睛久久地盯着"苏霍姆林斯基"这六个非常亲切的字不愿移开！在我接触苏霍姆林斯基的著作之初，我就有意识地学习他：学习他对学生的挚爱，学习他对教育的执著，包括学习他坚持不懈地写"教育手记"；甚至我最近出版的新书《爱心与教育》在行文风格上也打上了苏霍姆林斯基深深的印记……

和一般的教育家不同，苏霍姆林斯基不是以"学者"或"研究家"的身份去冷峻、"客观"、孤立地研究教育，而是充满真诚的人道主义情怀，把自己的一腔激情洒向他的每一位学生。他的深情的目光首先对准的是一个个人的心灵而不只是具体的教学环节或手段，他一生所关注的始终是每一个学生的个性的发展。这就使他的教育境界远远超过了一般侧重于研究教育技术的教育家，而使教育真正进入了人的心灵的宇宙。而且，苏霍姆林斯基在表达他那些充满人情味的教育观点时，所用的语言也是既充满坚定信念又亲切温馨甚至不乏诗意的语言："每个儿童就是一个完整的世界。""我们的工作对象是正在形成中的个性最细腻的精神生活领域，即智慧、情感、意志、信念、自我意识。这些领域也只能用同样的东西，即智慧、情感、意志、信念、自我意识去施加影响。""思想应该像高大的橡树一样坚强，像出弦的箭一样有力，像烈火一样鲜明。真理的坚定性，真相的鲜明性和思想的不可动摇性，是从同一个名叫困难的源泉中涌出的泉水。""亲爱的朋友，请记住，学生的自尊心是一种非常脆弱的东西。对待它要极为小心，要小心得像对待一朵玫瑰花上颤动欲坠的露珠，因为在要摘掉这朵花时，不可抖掉那闪耀着小太阳的透明露珠。"……

在读苏霍姆林斯基著作的同时，我也读了一些其他世界著名教育家的书。应该说，所有教育家的思想或多或少对我都有启迪。但通过比较，我感到苏霍姆林斯基的思想最富有个性特色，而且最容易在中国这块土地上生根发芽。首先，苏霍姆林斯基的政治信仰、价值观念与我国的主流意识形态是完全一致的，我们最根本的教育指导思想都是马克思列宁主义。培养具有集体主义思想、爱国主义情操、社会主义信念的共产主义新人，是苏霍姆林斯基也是我们最终的教育目标。其次，与中国长期占主导地位的教育传统观念有所不同的是，苏霍姆林斯基更注重教育在适应社会发展的同时还应有利于人个性的发展。他十分注重在教育中注入尽可能多的人情、人道和人性，而这恰恰是长期以来中国教育所最缺乏的。所以，读苏霍姆林斯基的书，很容易感受到一种情感的力量，感受到一种对心灵的抚慰。另外，苏霍姆林斯基的教育实践是一种始终面向基层、面向社会、面向普通学生的开放性教育实验，而不是在实验室里对少数学生的封闭式研究甚至经院式研究，这对中国广大的中小学教育者来说，无疑更有着可资借鉴的操作性。最后，与其他经典教育著作相比，苏霍姆林斯基可以说开创了一种崭新的教育著作文体：将理论融于一个个生动感人的教育故事中，或者在夹叙夹议中娓娓诉说自己的教育个例，并自然而然地以极其精辟凝练的语言表达着自己的教育见解，既给读者以形象的感染，又给读者以思想的冲撞。比起许多充斥着晦涩生僻术语的理论著作，苏霍姆林斯基的书当然会拥有更多的中国读者。

他的感情真挚而充沛，他的思想朴素而深刻，他的语言平易而精彩，"要培养真正的人！"让每一个从他身边走出去的人都能幸福地度过自己的一生，这就是苏霍姆林斯基的教育追求。仅仅凭这一点，他教育胸襟的博大和教育理想的崇高就远远超出了同时代许多的教育家（虽然以今天的眼光看，他的思想理论可能有着这样那样的不足和一些不可避免的历史的局限）。而在中国，我认为只有一位教育家可以与苏霍姆林斯基相媲美，那就是陶行知。

近年来，不少朋友善意地和我开玩笑，说我"言必称苏霍姆林斯基"，是"苏霍姆林斯基的狂热信徒"，而我从来都毫不讳言自己立志做苏霍姆林斯基在中国的忠实追随者。回想参加教育工作16年来的经历，他对我的影响的确是巨大的。正是苏霍姆林斯基，使我开始意识到应把自己的学生当作富有个性的"人"，而不是考试的机器、分数的符号，并且将发展学生的个性同自己工作的乐趣联系在一起："如果你感觉到每个儿童都有个性，如果每个儿童的喜悦和苦恼都敲打着你的心，引起你的思考、关怀和担心，那你就勇敢地选择崇高的教师工作作为自己的职业吧，你在其中能找到创造的喜悦。"正是苏霍姆林斯基，让我意识到自己身边的教育弊端："不要让上课、评分成为人的精神生活的唯一的、吞没一切的活动领域。如果一个人只是在分数上表现自己，那么就可以毫不夸张地说，他等于根本没有表现自己，而我们的教育者，在人的这种片面性表现的情况下，就根本算不得是教育者——我们只看到一片花瓣，而没有看到整个花朵。"正是苏霍姆林斯基，向我指出了教师本人素质的重要性："能力只能由能力来培养，志向只能由志向来培养，才干也只能由才干来培养。"正是苏霍姆林斯基，交给了我一个重要的教育工具，这就是"集体"："教师的聪明才智在于，使孩子们把教师的意图当作自己的意图提出来并加以实行。一个真正的教育能手永远也不会使孩子感到自己是一个发号施令的人。"正是苏霍姆林斯基，告诉我应该怎样对待学习困难的儿童："教学和教育的技巧和艺术就在于，要使每一个儿童的力量和可能性发挥出来，使他享受到脑力劳动中的成功的乐趣。……如果教师善于把学生引进一种力所能及的、向他们预示着并且使他们得到成功的脑力劳动中去，就连那些调皮捣蛋的学生也能多么勤奋、专心致志地学习啊！"……

在我国实施素质教育的呼声日渐高涨的今天，苏霍姆林斯基的思想再一次显示出真理的光芒："所谓和谐的教育，就是如何把人的活动的两种职能配合起来，使两者得到平衡：一种职能就是认识和理解客观世界，另一种职能就是人的自我表现，自己的内在本质的表现，自己的世界观、观点、信念、意志力、性格在积极的劳动中和创造中，以及在集体成员的相互关系中的表现和显示。正是在这一点上，即在人的表现上，应当加以深刻的思考，并且朝着这个方向改革教育工作。""共产主义教育的英明和真正的人道精神就在于：要在每一个人（毫无例外地是每一个人）的身上发现他那独一无二的创造性劳动的源泉，帮助每一个人打开眼界看到自己，使他看见、理解和感觉到自己身上的人类自豪感的火花，从而成为一个精神上坚强的人，成为维护自己尊严的不可战胜的战士。……人的充分的表现，这既是社会的幸福，也是个人的幸福。"甚至在我看来，半个世纪以前苏霍姆林斯基在他的家乡乌克兰所创办的帕夫雷什中学，实在是堪称素质教育的典范！

1970 年苏霍姆林斯基去世时年仅 52 岁。我第一次读他的书《要相信孩子》，是在 1982 年。当时在感慨万分之际，忍不住从心底发出深深的叹惜："如果他还健在，今年也不过 64 岁！"十几年来，我多次情不自禁地掰着指头掐算苏霍姆林斯基的年龄：从 64 岁算到今年的 80 岁。去年我就提醒自己：明年是苏霍姆林斯基 80 诞辰，我一定要写一篇文章来纪念他。时间刚进入 1998 年，我又提醒自己别忘了自己的诺言。我曾想弄清苏霍姆林斯基的生日具体是哪一天，可查遍了我能查到的所有资料，我也没能如愿。但是，我因此便把今年的每一天都当作苏霍姆林斯基诞辰 80 周年的纪念日！

于是，在今天这个普通的日子，我，一个普通的中国教师，向原苏联、现乌克兰的伟大教育家苏霍姆林斯基写下了我对他的敬意，也写下了我对民主、科学、个性教育理想的热情憧憬和执著追求。

1998 年 10 月 11 日初稿

1998 年 10 月 25 日修改

 **整理附记**

这篇文章的确是我有感而发写成的。记得那天写完后有一种酣畅淋漓的快感，而且还有一种发表欲——我希望有更多的人能和我一起纪念苏霍姆林斯基。但本文的发表几乎是不可能的：投寄杂志吧，算时间最快也得明年才能发表，那么"纪念 80 诞辰"便失去了意义；投寄报纸吧，很少有报纸会登这么一篇四五千字的长文，而我又不愿"割爱"。于是，我突发奇想：能不能想办法让苏霍姆林斯基的夫人读到这篇文章呢？当时，我真为自己头脑里突然冒出的这个念头"吓"了一跳，同时又激动万分。我着了魔似的顺着这个幻想继续做着我的"梦"，但终于还是觉得这是一个不可能实现的"梦"，于是只好作罢。

1998 年 11 月 23 日，我去德阳市讲学并为学生上语文公开课。课间休息时，我坐在办公室里随意翻着一本《中小学管理》杂志，偶然看到上面有一则消息——"纪念苏霍姆林斯基 80 华诞国际学术研讨会将在北京召开"，而且消息中还说"苏霍姆林斯卡娅"将出席研讨会。我一下想到了我的这篇文章和我的那个"梦"：我一定要设法赴会！

于是，回到成都后，我立即将本文认真修改了一遍。然后，我通过长途电话与无锡市教科所的吴盘生老师（苏联教育理论研究的专家，并精通俄文）联系上了，我请他将这篇文章翻译成俄文。于是，凭着这篇文字，我于 1998 年 11 月 25 日—29 日应邀赴京出席了这次国际研讨会。在研讨会上，我作了 40 分钟的专题发言。我还荣幸地结识了一大批中外研究苏霍姆林斯基的专家，并且和苏霍姆林斯基的女儿苏霍姆林斯卡娅、乌克兰基辅苏霍姆林斯基学院院长瓦西里莎、国际苏霍姆林斯基学会会长弗朗格氏，结下了真挚的友谊。

研讨会刚一结束，我这篇文章便在 12 月 1 日的《中国教育报》上发表了。编辑特意加了一段编者按："李镇西是四川省成都石室中学的一名普通教师，自参加教育工作以来，就对苏联著名教育家苏霍姆林斯基表现出无限崇敬之情。他不但阅读了苏霍姆林斯基几乎所有的中译本著作，而且还创造性地实践着苏霍姆林斯基的教育思想，在素质教育方面取得了较大成就，成为深受学生喜爱的老师。在苏霍姆林斯基诞辰 80 周年之际，他特意写了这篇纪念文章。本报发表这篇文章，一方面是对苏霍姆林斯基的纪念；另一方面是对李镇西老师运用先进教育思想、教育理论指导教育实践的肯定。"

从那以后，我更加迷恋苏霍姆林斯基了，并与她的女儿苏霍姆林斯卡娅结下了友谊。2004 年 11 月在江阴，我再次见到卡娅。2008 年 9 月，为纪念苏霍姆林斯基 90 诞辰，我和一群中国的教育者亲赴乌克兰，来到了帕夫雷什中学。我和卡娅一起在苏霍姆林斯基工作过的校园里种下一棵树。然后我们来到苏霍姆林斯基的墓地，凭吊这位不朽的教育家。在苏霍姆林斯基的墓前，面对他的雕像，我在心里告诫自己：今天，我们学习苏霍姆林斯基最好的方式，就是像他一样，怀着一颗朴素的心从事最朴素的教育！

2014 年 6 月 8 日

关于培养学生平等意识的实践

　　新生进校之初，为加强班集体管理，我与学生们共同制定了《高 87 级（1）班管理条例》（以下简称《条例》）。《条例》在学习、纪律、卫生、体育等方面对同学提出了明确的要求，而且经我的提议，《条例》对我这个班主任也作了一些规定："凡每月对学生发脾气超过一次，或错误批评同学，或利用自习课讲语文，或下课拖堂两分钟以上，均罚扫教室一次。"于是，有同学感叹道："李老师了不起，竟能把自己放在与我们同学一样的位置上！"我说："犯了错误接受批评与惩罚，谁都应该如此。这没什么了不起。"《条例》实施不久，我便因错误批评同学而"犯规"。当天放学后，我二话没说，一个人拿起了扫把，在教室里干得大汗淋漓。这下，在全班引起了"轰动"："李老师太高尚了！"我却真诚而严肃地对学生讲："纪律面前，人人平等。老师怎能例外呢？这跟'高尚'丝毫沾不上边！如果你们老是认为李老师'高尚'，就已经把李老师视为这个班集体中的特殊成员，这是一种缺乏起码的平等意识的表现！"两年过去了，学生们逐渐接受了我的观点，后来我又因各种"犯规"而五次被罚扫地，大家都觉得这是很正常、很自然的事。

　　由此我们可以看到，在学生心灵深处平等意识是相当淡漠的，而平等意识又无疑是随着改革开放、随着社会主义商品经济的发展而理应让学生具备的现代意识之一，这恰恰又是我们的学校教育长期以来所忽视的。

　　这里所说的培养学生的平等意识，主要是要让学生认识到，现代社会生活要求人与人之间拥有人格上的独立与平等。还要使学生了解社会主义公民之间权利与义务的平等性以及在法纪面前的一视同仁，懂得尊重、维护自身与他人权利的道理。努力使学生具备尊重自己，同时又尊重他人，善于交往，善于与人合作，重视各种横向联系的生活态度。

为了培养学生的平等意识，几年来，我在以下四个方面进行了一些尝试。

1.努力创造一个平等和谐的班级人际关系氛围

我所在的学校是省重点中学，高中面向全市招生，同时我校还为一些厂矿代培学生，所以我班学生成分比较复杂：有城镇学生，也有农村学生；有统招生，也有代培生；有初中就在本校读的学生，也有外校考入的学生；还有转学生、留级生……我多次向学生宣传这样的观点："人与人之间的智力、才能、学习成绩、性格特点、家庭经济情况等等存在着客观差别，但每个人的尊严都是绝对相等的，而且是超越一切价值、无等值物可替换的，它不可衡量，无法估价。因为，同在蓝天下，都是大写的人！老师将对每位同学一视同仁，也希望同学之间能互相尊重、真诚友好、平等相处。"在周末，我安排每一位市区学生接一位外县农村学生到自己家做客；在假期，我多次邀约不同层次的学生一起外出旅游；平时，我组织学习好的学生为成绩差的学生补课……渐渐地，一个和谐的班级人际关系逐步形成，每个学生都为自己生活在这个集体中感到温暖与自豪。一位转学生对我说："到这个班便感到一种真诚的气氛，同学们在学习上互相交流，互相帮助，这在我原来的班是不可思议的！"一位留级生在作文中这样写道："我以前老担心同学们瞧不起我，没想到同学们竟对我这样热情，我真感谢这个班集体！"

在提倡学生之间平等相处的同时，我还注意唤起一些"差生"内在的尊严感。往往有这种情况：对于一位自卑感很重的学生，无论同学们怎样对他友好，他都表现出一种孤傲和冷漠。在这种情况下，同学们的热情成了礼貌，而他的勉强应酬则成了客套。这不是真正的平等精神。因此，唤起部分"差生"的尊严，是使他们具有平等意识的关键。尽管现在的学校教育大多是把学生的尊严只体现在分数与名次上，但是，我们班主任应该善于帮助学生发现并发展他们自己独特的禀赋与才能，使他们产生"我有着其他任何人都不可能有的智慧"的自信与自尊。比如：罗达雪成绩不好，但当她以甜美的领唱和出色的指挥使我班的大合唱饮誉全市时，她是何等的喜悦，而同学们又是多么敬佩她！赵凡学习较差，但当他把自编自演的喜剧小品展现在舞台上时，同学们都称他为"表演天才"！祝明剑的学习名次总是靠后，但每次班里外出活动，同学们都忘不了他，因为他是同学们公认的"摄影家"——连他自己最近也在作文中这样写道："别看妈妈总说我不务正业，哼，二十年后，中国的摄影权威说不定就是我！"……这使我想起苏霍姆林斯基的一段话："共产主义教育的英明和真正的人道精神就在于：要在每一个人（毫无例外地是每一个人）的身上发现他那独一无二的创造性劳动的源泉，帮助每一个人打开眼界看到自己，使他看见、理解和感觉到自己身上的人类自豪感的火花，从而成为一个精神上坚强的人，成为维护自己尊严的不可战胜的战士。"而唯有使每个学生都成为这样的"战士"，平等意识才会真正深入他们的心灵，成为理性的认识，而不仅仅是一种礼貌甚至只是一种敷衍。

因此，一个由懂得自尊与尊他的学生组成的充满友好和谐气氛的班集体，是潜移默化地使学生产生平等意识的起码环境。

2.建立一种互相尊重、心灵相通的新型师生关系

最近，有同志在报上撰文提出应强化"师道尊严"，理由是"师生关系本身就是不平等的"。我绝不同意这个观点。的确，就社会角色而言，师生之间教育与被教育、传授知识与接受知识的主客体关系是客观存在的，无所谓"平等"。但是，第一，我这里所说的师生平等，主要是指师生在尊严上不分贵贱，人格上互相尊重，思想上互相交流。第二，师生的主客体关系并不是绝对的，在一定条件下也会发生变化。多年的教育实践使我切身感受到：教师与学生的关系是一种互相教育、互相影响、互相感染、互相"征服"的关系。区别仅仅在于，前者的教育、影响、感染、"征服"是主动的，有意识的，有计划的；而后者的教育、影响、感染、"征服"则是被动的，无意识的，随机性的。因此，师生之间应该是互相尊重、心灵相通的同志与朋友。这种新型师生关系的建立，其意义已远远不是体现师爱精神和平易近人的教育方法，它的内涵是使我们的教育充满社会主义人道主义精神和社会主义民主精神。而平等意识则是它的最易被学生感受并接受的外在表现。

乐于保持一颗童心，使自己整个身心都与学生融为一体，是师生平等的感情基础。每位学生生日那一天，我都送上一本小书、小笔记本或一张生日卡，以朋友的身份写上一段热情而风趣的话；每次假期，我都安排一次与学生的长途旅游，或是到深山老林里探险，或是到风景胜地游玩——当我与学生在风雨中饥寒交迫地经过八个小时的登攀进入人迹罕至的原始森林时，当我与学生冒着风雪手挽手登上白雪皑皑的峨眉之巅时……我与学生都油然产生了风雨同舟、相依为命的感情。平时在教室里，在校园里，在野外，我与学生嬉笑厮打在一起，更多的时候是我被学生恶作剧一般地按在地

上狠狠地"收拾"，眼镜摔碎了，纽扣扯掉了……不少家长、老师不理解我与学生的这些"出格行为"，但我却感到无比的幸福：还有什么比真正生活在学生中间甚至不知不觉深入到他们的心灵中更幸福的呢？学生们也感到幸福：李老师真正是我们中的一员！而这份幸福不只是我奉献给学生的，也不只是学生赋予我的，它是我们师生共同创造、平等分享的。

勤于与学生一起交流认识、探讨问题、争鸣观点，是师生平等的思想基础。平时我总是鼓励学生勇于提出与我不同的观点，提倡平等讨论，以理服人。有一位学生因不同意我给她的作文评语而在旁边写了一大段理由，的确言之有理，我在班上公开表扬她。我写的文章，常常给学生先看，征求他们的意见，即使已发表的教育论文、杂文、诗歌、小说等等，我的学生也敢大胆地发表批评意见。当然，面对学生的模糊认识，特别是一些原则问题，我也会以诚恳严肃的态度和富有说服力的事实，引导学生接受正确的观点。有一段时间，班上一些学生不能正确认识、评价毛泽东同志，甚至以嘲笑毛泽东为时髦。于是，我给学生谈我对毛泽东的认识发展过程，给他们分析毛泽东的功过，并读《红墙内外》等资料，不少学生从心底里认识到自己的幼稚与偏激。我之所以愿意与学生平等地交流思想，是因为我始终认为，教师与学生应该是探索真理道路上的志同道合者。

勇于向学生无情地解剖自己，甚至展示自己"不光彩"的一面，会不知不觉地使师生的思想感情真正平等地贴近。令学生"敬而远之""可敬不可亲"的老师在学生心目中无疑是一尊神像，而这"神"的形象很大程度上是教师自己塑造的。其实，教师也是人，也有喜怒哀乐，也有自己的个性特点，更不可避免地存在缺点与弱点。但我们在学生面前有时却完美得不可相信。如果我们能够适当地、真诚地给学生展示一下自己丰满而多侧面的形象，那么我们便更容易被学生从心灵上接受。有一年的一堂语文课上，学生们在我毫无思想准备的情况下为我祝贺生日（其实那天并不是我的生日），在响亮而整齐的"祝李老师生日快乐！"的祝贺声中，鲜花、生日蛋糕、手绢、影集、笔记本等礼物魔术一般地堆满了讲桌。惊愕之中，我真诚而动情地对学生们说："李老师不值得你们这样尊敬啊……"于是，我用一些时间谈自己的弱点、缺点和对不起同学们的地方。事后不少同学都说："李老师敢说真话，真正把我们当朋友看待。"针对一些学生不能正确对待青春期出现的特殊心理现象，我为他们开设"青春期讲座"，在讲座中，我大胆坦率地讲我中学时代的一些心理与感情经历，以此告诫学生们正确对待"早恋"。为了让学生正确认识爱情，我还向学生讲述了我的恋爱经过，在轻松活泼的气氛中，学生不知不觉地受到了教育与启迪。

善于变"强迫学生迷信真理"为"引导学生追求"，是在更高层次上体现了师生在思想上的平等，这既是教师本人的教育自信和教育艺术，也是教师对学生的信任和尊重。教师无疑应让学生接受并掌握真理，但这一过程不应只是让学生被动地接受"灌输"，而应该是引导学生选择并追求真理。这样做绝不会削弱我们的教育效果，因为我们应该有这样两点自信：一是自信至少大多数学生是勇于追求真理，乐于接受真理的。二是自信教师本人的教育思想是有真理的科学性的，坚信自己真心信奉的马克思主义真理连同自己的赤诚情感，一定会潜移默化地征服学生。我现在所带的文科班，将来相当一部分学生会自觉不自觉地从事教育，但我现在很少公开动员学生报考师范院校，那样做会使不少学生感到"居高临下"的"强迫"意味。然而事实上我随时都在"动员"学生热爱教师职业：我以自己对教育的痴情去感染学生；我常常津津乐道地向学生谈我从教的乐趣与意义；我常常读一些文章，引导学生关心我国的教育事业；最近我还搞了个"模拟实验中学校长竞选"主题班会，让学生畅谈教育改革……这些不露痕迹的引导已初见成效：好些学生已对我表示立志当教师，甚至现在就有学生到我这儿来借苏霍姆林斯基的著作。

3. 班级管理变"人治"为"法治"，纪律面前，人人平等

有人也许会问："教师与学生如此不分彼此，教师的威信何在？教师又怎样体现出对学生的严格管理呢？学生又会不会服老师的管呢？"对此，我的回答是：师生之间深厚的感情纽带只会使教师的威信大大提高，而且这种感情纽带正是教师大胆管理的有利条件，但是教师的大胆管理不应是教师本人"一句顶一万句"的"人治"，而应该是"纪律面前，人人平等"的"法治"，也就是说，教师的权威应转化为集体意志（纪律）的权威。

如本文开头所述，我与学生共同制定的《条例》便是我班的"法律"。这个《条例》之所以能够成为顺利执行的"法律"，是因为它具有三个特点：广泛性、可行性与互约性。所谓"广泛性"，就是《条例》几乎包罗了班级中经常出现的各种纪律问题，不管班里出现了什么违纪现象，都可以在《条例》中找到相应的处理措施。这避免了班主任个人或轻或重的主观批评。所谓"可行性"，就是《条例》中所有对违纪者的惩罚措施（轻则唱歌、做值日，重则扫地、跑步）都是大家经过反复讨论并一致接受的。这保证了《条例》说到做到，不至于成为一纸空文。所谓"互约性"，就是《条例》不但规定了违反什么纪律便受什么惩罚，还明确了"执法者"如"有法不依"而应受的惩罚；《条例》不但对每一位学生作出了纪律规定，也对班干部有明确的要求，而且对班主任也有所制约。这样环环相扣，互相监督，防止了"执法不严"的情况。

《条例》一旦正式实施，便显出其威力。全班学生和我这个班主任都极力维护《条例》的权威性，保证《条例》的严格执行。所有违纪情况和处理办法一律由有关"执法者"公布在黑板上：某同学迟到了，学习委员会按《条例》的有关规定罚其当一天值日生；某同学没去做课间操，体育委员会"依法"监督其长跑；如果有人违纪而未受到追究，我和学生们便会追究有关班干部，并按班规给予相应的惩罚。

尽管在课堂上我与学生可以坦率地争论问题，在课外我与学生可以纵情地疯打嬉闹，但在《条例》面前，大家都不含糊。我有了哪怕一点点失误，学生也不会原谅，而是毫不客气地"依法"办事，我当然也甘愿受罚。我如此认真，学生自然也不敢敷衍。有好几次班上自习课纪律太糟，于是我按《条例》的有关规定罚全班同学放学后静坐半小时。如此"收拾"高二学生，可能在有些人看来是不可思议也不会赞成的，但我班至少大多数学生是心甘情愿的，因为我好几次被学生罚一个人扫地所洒下的汗水毕竟不会白流！

有了这样的《条例》，我便不需要因而也主动放弃了班主任个人的"权威"，对于班级管理我所要做的只是两点：遵守《条例》中对我的规定，严格按《条例》要求大家。需要特别指出的是，《条例》所体现的无疑是现代社会的"法治"精神，而它之所以得以推行的思想基础，则是逐渐深入我班师生心灵的平等意识。

4.培养学生的主人翁精神，让学生尝试参与社会事务

与平等意识相联系的，是民主精神与参与行动。教师善于为学生创造一些班级以外的参与活动，不仅能使学生获得能力的锻炼，而且会使学生把平等、民主这些抽象的概念化为实实在在的行动。

我班新生进校时，我发动他们给校长写信，就学校建设、教育改革提出自己的意见、看法或建议，开始学生觉得好笑："这关我们什么事？"于是我给学生讲"学生是学校主人"的道理，既然是学校主人，岂有不关心校务大事之理？学生的信受到了校长的赞扬，而且他们提出的改进伙食、为住校生创造洗澡条件等建议当即便被学校采纳。学生看到自己"不过随便写写"的意见居然变成了现实，主人翁的自豪感油然而生。

在一次班上组织的分小组社会调查活动中，有一个小组苦于找不到调查对象，来征求我的意见。我说："到乐山市市长佘国华同志家调查，怎么样？"他们惊讶得直伸舌头，我说："怎么？不敢吗？佘市长是乐山市的市长，是乐山市的仆人；你们是乐山市的市民，是乐山市的主人。主人到仆人那里了解情况，还有什么好顾虑的？你们到市长家了解市政建设是很正常的事嘛，佘市长一定会欢迎你们的。当然，市长很忙，你们应事先约一约。"学生们在我的鼓励下果真走进了市长家，佘市长不但高兴地接待了他们，还兴致勃勃地接受了学生的采访，最后学生离开时，佘市长还高度评价了学生关心家乡的主人翁精神。

最近，我校外边的街道破烂不堪，给周围的市民、学生带来了许多不便，我班学生又想到了佘市长。于是一封要求整修街道的建议信又送到了市长手中，佘市长读了我班学生的信，极为重视。不久，佘市长便当面答复我班同学："乐山一中外面的烂街，一定在今年内开始动工整修！"

当学生通过一次次社会参与活动，亲身体验到主人翁的责任感与自豪感时，他们头脑中的平等意识便不仅仅是一种观念和认识，而逐步成为社会主义新人所应该具有的品质与能力了。

1989 年 8 月 21 日

 **整理附记**

当年就有同行对我的观点与做法不以为然，理由是："老师就是老师，学生就是学生，有什么平等可言？"今天，重读这篇文章，我不禁感慨万千：现在就多数学生而言，平等意识还是相当淡漠的；如此"素质"，欲实现"建设富强民主文明和谐的社会主义现代化国家"的宏伟目标，实在任重道远啊！教育的重要使命之一，就是将平等与民主化作学生的生活方式和习惯。当然，前提是教育者本人就是这种生活方式与习惯的化身：用民主培养民主，以平等造就平等。

2014 年 6 月 8 日

教育的魅力在于个性

——《恰同学少年》序

葛优在其主演的电影《上一当》中，塑造了一位颇具个性的中学语文教师兼班主任形象——这位教师上课居然坐着上；称呼学生不是"同学们"，而是"孩儿们"；除作文以外，他几乎从不布置语文课外作业；对作文也不精批细改，而是指导学生评判并给分；他教育学生"做人第一"，要求他们考试不得像其他班学生那样作弊，虽然他班的考试分数因此名列年级最后；更令人瞠目结舌的是，他竟然利用班会课跟十六七岁的学生大谈"青春期心理"乃至"性知识"……这样的老师当然大受学生欢迎，但最后却被学校领导"请走"了。我是偶然在一个晚上的非黄金时间里看到这部片子的后半部分的，看完之后，我感慨万千且难受之至。我不知道编导们的创作意图是什么，反正该片给我的感受是：领导欣赏的教师，不一定受学生喜欢；而学生喜欢的老师，也不一定受领导欣赏。

按传统标准衡量，葛优所饰演的那位教师绝非"好教师"，但我由衷地羡慕他——羡慕他教育的潇洒与自由，他不但真正赢得了学生的爱戴，而且拥有并保持了自己的教育个性。

是的，教育的个性！

提起"个性"，很多人会自然联想到"个人主义""自我中心"等词，而"个性教育"则往往会被归入"资产阶级教育观"。对这个重大理论问题的澄清与阐述远不是我这篇文章所能完成的任务。不过，我还是想强调一点：对学生而言，"个性教育"是指重视学生的需要、兴趣、创造和自由，尊重人的尊严、潜能与价值，反对一切非人性的教育措施，培养完美的人格，促进学生生物的、社会的、认识的、情感的、道德的及美感的整体成长，使其成为健全的社会公民。对教育者而言，"个性教育"则要求教育具备科学与民主的教育思想以及富有创造性的教育方式、方法与手段。对于前者，还远不能说已经得到教育界的普遍重视；而对于后者，则更是容易被视为"异端"。在很多时候，即使教育思想完全一致，教师在具体做法上的任何一点"与众不同"也会遭到扼杀。于是，班会的主题是统一的，墙报的内容是统一的，教室的布置是统一的，教案的写法是统一的，教学的程序是统一的，学生的评语是统一的，歌咏的曲目是统一的，假日的活动是统一的，学生的发式是统一的，课桌的套布是统一的……教育失去了个性，也失去了魅力！

在这样的氛围中，"葛优"所遭到的那种"下场"，便是理所当然的了。

我的"教育个性"远不及"葛优"，但我却比他幸运。从教十多年来，我的任何一项教育探索都得到了我所在学校的领导、同事、学生及其家长的理解和支持。我力争使自己的教育工作充满科学精神与民主气息，让教育真正深入学生的心灵世界。在班级教育管理方面，我变过去教师一人说了算的"人治"为全班学生运用集体制定的班级法规互相制约、共同管理的"法治"，并将我也放在与学生平等的位置上，和学生一起建设班集体。在思想教育方面，我在遵循党的教育方针的前提下，始终把目光对准学生的心灵世界：善良人性的保持、正直品格的塑造、现代意识的培养、创造能力的锻炼以及青春期心理的辅导……我在语文教育上不停实践，不懈探索，不断创新，并逐步形成了自己语文教改的指导思想："立足课堂，面向社会，深入心灵。"立足课堂就是以课堂教学改革为基础，对学生进行严格的读写听说的基本训练，扎扎实实地引导学生掌握语文学科的知识能力体系；面向社会，就是使语文教学充满时代气息，让学生在热爱生活、关心国事的过程中广泛地吸取语文养料，在社会生活的实践中把语文知识转化为语文能力；深入心灵，就要使语文养料和学生的思想、情感互相渗透与融合，以形成美的情感、美的心灵、美的人格，同时，学生能在实践中情不自禁地学习、得心应手地运用语文知识与能力。这些探索，现在还远远谈不上成功，但毕竟已成为我每天实实在在的行动。

常说"不以成败论英雄"，但这话在中国似乎从来就未真正做到过。就目前中学教育而言，"成"的标志，从理论上讲，是学生德智体的全面发展；但事实上，"成"的唯一标志只是学生们的升学分数以及学校的升学率。这使许多有志于教育改革的人，虽然胸怀教育科学与教育民主的顽强信念，却不得不在"升学教育"的铁索桥上冒着"学生考不上大学一切都是白搭"的舆论"弹雨"，艰难而又执著地前行！

这是一种很不正常的教育评价：假如某位班主任的工作富有特色（比如班级管理尽可能交给学生，平时尽可能开展各种有益于学生全面发展的活动等等），尽管在当时就可以判断出这些做法是符合教育规律的，但周围舆论仍然会自然而然地把目光投向几年后的高考："工作倒是蛮有新意的，可万一高考滑坡怎么办？""哼！就会搞一些花花哨哨的东西，到时候高考可有好戏看了！"……几年后，假若学生高考成绩不错，人们会齐声喝彩："你看，人家的班级管理那么放手，而且又搞了那么多的班级教育活动，高考成绩仍然这么好，他确实有两下子！"相反，若高考成绩不理想或低于人们的期望值，同样的人也许会说："班级管理那么松散，还搞了那么多与高考无关的活动，高考当然会砸锅——我早就料到了！"

于是，在当代中国，几乎任何一位"优秀教师""优秀事迹"

的辉煌大厦，都必须以其班级大大高于所在年级、所在地区平均水平的"升学率"为支撑的主要栋梁，否则，他的一切教育思考、探索与创新都等于零！

不能简单地说这种社会评价舆论完全不合理。因为在中国这个人口压力极大的国度，升学是人们今后就业竞争乃至生存竞争的最关键也最重要的途径；而且，使学生具有较高的科学文化素质，也是教育的重要目标之一。但是，这毕竟不是唯一的目标！特别是在"升学教育"压倒一切时，"做人第一""全面发展""发展个性"等教育要义成了点缀的口号，取得较高升学率所付出的代价，往往是学生个性精神的丧失！没有个性的教育必然培养出没有个性的学生——缺乏心灵自由，丧失主体人格，不会独立思考，毫无创造精神！长此下去，我们的民族是很难真正屹立于世界强盛民族之林的。

马克思常用"人的解放"来说明共产主义革命的最终目的。时代发展到今天，我们有理由这样认为：从某种意义上讲，没有"教育的解放"，就谈不上"人的解放"！ ——正在告别20世纪走向新世纪、渴望现代化、渴望在世界上彻底扬眉吐气的社会主义中国，尤其呼唤这种"解放"！

这本《恰同学少年》，对于我的学生来说，是一座青春纪念碑；对于我而言，则是我的"教育个性"的第四个里程碑——因为从1982年投身中学教育起，每完整地带一个毕业班，我便和学生一起编一本沉甸甸的书，先后有《未来》、《未来》（二）、《花季》和这本《恰同学少年》。

编纂工作实际上从新生进校的第一天便开始了。通过日记、周记和作文，同学们记载下他们1000多个平凡日子里所走过的足迹，我平时有意识地收集、筛选、保存这些"史料"。到了毕业前的最后一学期，学生们全力以赴冲刺高考，我则在为他们复习、补课、写毕业鉴定和指导填志愿的同时，紧张地进行编纂工作。其工作量的确很大——11年前我编纂第一本《未来》的时候，还是刻写油印的原始劳动，如今这本《恰同学少年》虽已采用激光照排，但我却不止一次地在办公室一坐就是14个小时！这使得一些好心的同事也难以理解：这"书"既不能作为申请高级职称的专著，也无助于学生高考"抓分"，何苦这么"玩命"？

但是《恰同学少年》的意义不但我和学生明白，学生家长明白，而且与我并肩战斗的各位科任老师、一直给我以鼓励与支持的学校领导也明白——它是一段生活的定格，一页历史的缩影，一种精神的凝固，一份情感的珍藏，一簇创新的火花，一道理想的光芒，一串记忆的珠宝，一束青春的花朵……

绝对的真实，是这本书的生命，这也可能是它能够吸引其他读者的地方。我整理这30多万字的稿件时，整个身心无不为我学生的纯真和我们集体的凝聚力而激动万分：我为有这么好的学生而自豪！而且，这一份自豪并非我这个班主任所独有——三年来与我风雨同舟的数学刘老师已满头银发，她在给学生的毕业赠言中写道："能有你们这样聪明勤奋的学生是我一生最大的荣幸！"学生们对这本属于他们的"青春纪念册"自然倾注了极大的感情，但我认为，再过10年、20年、30年，这本书对他们的意义才会真正显示出来。今天，他们带着这本《恰同学少年》离开高中，也就带着一颗童心踏上了新的人生之路；将来，他们的思想会更加成熟，感情会更加深沉，知识会更加丰富，但"高95届（1）班情结"会伴随他们一生；甚至我们不妨这样大胆地想象：再过50年，他们中的某一位同学，会突然收到另一位天各一方、分别多年的同学寄来的生日贺卡，那薄薄的贺卡会让时光倒流——流回那黑板上方写有"善胜者不败，善败者不亡"的小小教室，顿时，布满皱纹的脸上会挂满青春的泪花……

一滴水可以折射出太阳的光辉。一切不属于我们这个可爱集体却又偶然读到这本书的人们，在惊叹、感慨或羡慕的同时，还能够通过一个班级看到 20 世纪末中国普通中学教育的缩影：欢欣与苦涩、黯淡与辉煌、诅咒与无奈、纯真与虚伪、泪水与汗水、自信与违心、骄傲与尴尬……不管是肯定还是否定、赞扬还是批评，这一切都是我们经历过的。所有关注中国教育的人，所有关心当代中学生的人，读了这本书不会没有一点收获。

尽一切可能真实地反映出我和学生们共同度过的这 1000 多个难忘的日子，并最大限度地展示我们班集体的个性和我教育的个性，是我编撰这本《恰同学少年》的主要目的之一。而且，只要今后我仍在中学执教，并担任班主任，那么，这样的青春纪念碑，我将一座一座地铸造下去。

在电影《上一当》中，"葛优"最后好像是出国了。对此，我感到十分遗憾。我非常欣赏他的"别出心裁"与"不同凡响"。我甚至幻想我能够有机会与他共事，以带出一个富有个性、令人叫绝的班级。而且我自信，与我合作，他绝不会再有"上一当"的感觉。

1995 年 7 月 13 日

 **整理附记**

从 1984 年 7 月送走我的第一个毕业班开始，以后每教完一个班，我都要为孩子们编撰一本"班级史册"。这篇文章是我 1995 年为高 95 届（1）班学生编撰《恰同学少年》而写的序言。这一本本"班级史册"每每令许多教育同行称奇，但我更看重我通过这一本本"班级史册"所展现出来的教育个性。"应试教育"是无所谓个性的，而只有到了全面实施素质教育的时候，个性教育才能真正

得以实现。而我还想强调的是，学生的个性只能靠有个性的教师来培养。从工作之初，无论是班主任管理还是语文教学，我的许多做法就备受争议。面对争议，我当然要反思自己有哪些的确做得不对。但我更多的是告诉自己，如果我认为自己是对的，就坚定不移地走下去。这种"个性"让我失去了许多世俗的"好处"，但也成全了我的教育。正因为我比较执著，比较单纯，所以我走到了今天。

2004 年 6 月 8 日

青年班主任怎样提高科研修养

有些青年教师不愿当班主任，觉得做班主任那些婆婆妈妈的事，没多大意思。这实在是一种偏颇的认识。人们常说，优秀的班主任就是一名教育专家。这绝不是溢美之词。因为班主任工作之"杂"，正说明需要班主任思考、研究、解决的教育问题之多，这恰恰是班主任从事教育科研极为丰富的宝藏，这也为每一位青年班主任成长为教育专家提供了可能。

那么，青年班主任应怎样结合本职工作提高自己的教育科研修养呢？我的体会是：乐于请教，勇于思考，广于阅读，善于积累，勤于写作。

1. 乐于请教

这似乎是老生常谈，但一些青年教师往往不以为然。向中老年班主任以及其他优秀青年班主任请教，不应是礼节性的谦虚，而应诚心拜师。特别要强调的是，这种"拜师"不应只是几次交谈或听课，而是长期观察、跟班见习；学习的重点不在于其具体的做法，而要悉心领会其教育思想和带班艺术。乐于请教，还包括以书信方式向一些有影响的教育专家请教，从而开拓自己的视野，丰富自己的思想，使自己能从宏观的角度审视自己的教育工作，而且还能从专家们的指点中受到鼓励。向学生请教，也是很重要的。这主要是指多在学生中进行调查研究，及时了解他们对班主任工作的评价，听取他们的建议与批评。

2. 勇于思考

思考活跃、思维敏捷，是青年教师的特点，也是青年班主任进行教育科研的优势之一。勇于思考的含义主要有二：一是不迷信权威。在尊重并继承古今中外一切优秀教育理论与传统的同时，要有敢于追求科学、坚持真理的胆识，辨析其中可能存在的错误之处；即使是向当今公认的教育专家学习，也不应不加分析地盲目照搬，而应结合自己的实际情况进行消化、吸收。二是要善于发现问题。发现问题是研究问题的前提。我们生活在学生中间，每天都会遇到并处理各种各样的教育问题，有的青年班主任对此感到心烦。其实，这正是一个又一个的研究课题向我们源源不断地涌来，班主任研究的切入点也正在于此，甚至对于一些似乎已有定论的教育课题，我们也可以根据新的实际、新的理论予以重新认识与研究，或修正，或补充，或发展。

3. 广于阅读

对于有志于从事教育科研的班主任来说，广于阅读的意义在于既可以掌握科研的理论武器，又可以随时了解这一领域内的各种信息。因此，青年班主任无论多忙，都不可忽视广泛的阅读。一般说来，为教育科研而进行的阅读，其内容可侧重于四个方面：一是经典教育理论书籍，包括教育学、心理学、教育史等方面的著作。这是青年班主任必不可少的理论素养。二是杰出教育家的专著。在有了一定的阅读基础之后，我们可根据自己的情况，选择某一位或某几位教育家的著作进行系统阅读，重点研究。三是反映国内外教育研究最新观点、最新动态的教育报刊。阅读这些报刊，可以使我们从别人的研究中或者受到启发，或者避免课题

"撞车"。四是反映青少年学生生活、心理的各类读物，包括学生写的和写学生的散文、小说、报告文学等等。通过这些读物，我们可以从更广阔的范围内了解、认识我们的教育研究对象。

4. 善于积累

材料的积累对于教育科研的重要性是不言而喻的。积累的过程就是"采矿"的过程，积累越丰富，成果就越丰硕。青年班主任可留心这四方面的材料积累：一是学生的作文、作业、日记、周记等书面材料。当然，不是所有的学生文字都收存，而是注意保存那些最能真实反映学生心灵世界的文字。二是建立"特殊学生档案"。对特优生、"双差生"、有明显特点的学生进行长期跟踪观察，记载他们的成长过程、变化情况、学习状况、社会交往情况、家庭环境等等。三是班主任本人进行教育实践、实验的有关记录材料，包括班级的重大活动、对学生的个别教育、对偶发事件的处理等等。四是对学生进行调查的结果，包括各种数据统计等等。还需说明的是，对这几方面的材料，班主任一定要给予分门别类的整理，以备查用。

5. 勤于写作

文字表达也是科研的基本功。一提到写作，有些班主任往往以自己不是语文教师为理由而不愿提笔。其实，教育科研要求的写作能力，主要是内容实在，条理清楚，语言通顺。应该说，这些要求对于经常练笔的青年班主任来说，是不难达到的。勤于写作写什么？一是记录自己平时在教育教学方面的思想火花，一次联想、一回顿悟、一个念头、一缕思绪……都可以以随感、格言的形式记下来。二是教育笔记，如在班级教育与管理中成功或失败的做法，对"特殊学生"的跟踪教育等等。三是教改实验报告、学生心理调查报告、班主任工作总结等材料。四是根据自己的工作经验或体会写成的有一定理论深度的教育论文。在这四类文字中，前两类一般是写给自己看的，而不是为交流、发表而写，既为练笔，也为积累；后两类文字则可以在校内外交流或试投报刊，这是使自己的科研成果被社会承认的一种途径。

提高教育科研修养，当然并不只是青年班主任的事。但无论是从青年教师个人发展的需要看，还是从我国教育者整体素质提高的要求看，应该说对青年班主任来讲尤为迫切。比起单纯的学科教学，目前我国对班主任工作的科学研究相对薄弱。然而，这恰恰为一切有事业心的青年教育者提供了一块大显身手、大展宏图的天地。实践已经证明，结合班主任工作进行教育科研，正是普通青年教师走上教育专家之路的起点！

1992 年 3 月 13 日

 整理附记

一提到"教育科研"，一些教师便感到高不可攀。我这篇文章之所以没谈科研的具体操作，而是着重谈科研修养，就是想破除教育科研的神秘感：其实，作为一线的教育工作者，只要我们随时带着一颗思考的大脑进行工作，就是在"科研"了。另外，我还要强调的是，把难题当课题是最常见的教育科研方式。当在工作中遇到什么让你棘手的难题时，你不应该沮丧，而应该高兴，因为科研课题在向你招手了！

2014 年 6 月 8 日

童心：师爱之源

常有人把教师称为"娃娃头儿""孩子王"，不管这称呼是褒还是贬，至少说明教师总是与孩子们联系在一起的，教师的心灵总是年轻的。的确，乐于保持一颗童心，善于在某种意义上把自己变成一个儿童，这不但是教师最基本的素质之一，而且是教师对学生产生真诚情感的心理基础——也正是在这个意义上，我们把童心视为"师爱之源"。虽然随着岁月的流逝，我们不可避免地会在年龄上与学生拉开距离，但我们应努力使自己与学生在思想感情上保持和谐一致，学会用儿童的眼睛去观察，用儿童的耳朵去倾听，用儿童的兴趣去探寻，用儿童的情感去热爱！

儿童般的情感。裴斯泰洛齐在《与友人谈斯坦兹经验的信》中这样深情地写道："我决心使我的孩子们在一天中没有一分钟不从我的面部和我的嘴唇知道我的心是他们的，他们的幸福就是我的幸福，他们的欢乐就是我的欢乐。我们一同哭泣，一同欢笑。"能够自然地与学生"一同哭泣，一同欢笑"的教师，无疑会被学生视为知心朋友。有些在成人看来不可理解的感情，在儿童看来却是非常自然的。而变"不可理解"为"非常自然"，正是不少优秀教师赢得学生心灵的可贵之处。某校初中班有一位性格开朗、学习成绩很好的女孩子，有几天她在课堂上却神情忧郁、无精打采。班主任一了解，原来不久前这位女孩子家里的一只小花猫死了，她因此非常难过。班主任没有批评她，而是买了一个精美的瓷器小猫送给她，并温和地对她说："你有一颗善良的心！但在你的生活中，还有比死去的小花猫更重要的内容，那就是你的学习。振作起来吧！"这以后，小女孩逐渐恢复了开朗活泼的性格。如果说这位班主任对这位女生思想开导得很成功，那么，他的秘密就在于他首先是怀着儿童般的情感去理解儿童的心灵世界，否则，用成人的冷漠去对待孩子的真诚，一切"语重心长"的教育都无济于事。

儿童般的兴趣。有的教师认为，教师在学生面前固然应平易近人，但切不可显出过分的孩子气，因为这样会使教育者丧失起码的尊严。但我认为，只要把握学生的情感，并注意环境、场合，教师任何"过分的孩子气"都不会是多余的。作为成人，教师当然不可能在任何方面都与学生有着共同的兴趣爱好，但班主任的职业却要求我们应该保持一点儿童的兴趣。"只要人们没有做到以童年的欢乐吸引住孩子，只要在孩子的眼睛里尚未流露出真正的欢欣的激情，只要他没有沉醉于孩子气的顽皮活动之中，我们就没有权利谈论什么对孩子的教育影响。"（苏霍姆林斯基：《教育的艺术》）也许你并不喜欢足球，但你的学生在课间谈起马拉多纳便眉飞色舞，那么你最好关心一下电视台的足球赛转播；也许你对港台流行歌曲并不太感兴趣，但你的学生对此如痴如狂，那么，你也不妨多少听听刘德华、郭富城；也许你并不爱看武侠小说，但你的学生有时连上课时都在偷偷地读金庸、梁羽生，那么你也不妨硬着头皮读读《鹿鼎记》《倚天屠龙记》……这绝不是一味地迁就学生，而是教育的需要：多一种与学生共同的兴趣爱好，你便多了一条通往学生心灵深处的途径。当学生发现老师带他们去郊游并不仅仅是为了满足他们的愿望，而更多的是出于自己的兴趣时，他们会不知不觉地把老师当作朋友。在与学生嬉笑游戏时，教师越是忘掉自己的"尊严"，学生越会对老师油然而生亲切之情——而这正是教育成功的起点。

儿童般的思维。我们常常说要多理解学生，但有时学生的言行，站在教师的角度看，是很难理解的。在这种情况下，只要我们站在学生的角度考虑一下，就很容易理解了。这当然不是说要把教师的思想降低到学生的水平，而是说如果我们学会点"儿童思维"，将更有助于我们真正理解学生，从而更有效地引导并教育学生。正是具备了儿童般的思维，全国优秀少先队辅导员韩凤珍同志在教育中努力发现孩子们身上缺点的可爱性。韩老师曾在《彻底解放那些被冤枉的孩子》一文中举例分析说："一个低年级小学生家住三楼，家里水管坏了，她看到爸爸妈妈常到一楼提水，并很注意节约用水。有一天，她学习刷锅洗碗后，又坐在小板凳上，在锅里洗起脚来。爸爸妈妈一见，全都惊叫起来：'你怎么能在锅里洗脚呢？'那小女孩却回答说：'我洗完了碗，见锅里的水还很清，倒掉多可惜啊，就洗了脚嘛。'……此类事例举不胜举。孩子们总是怀着善良的美好的动机去做事，渴望得到周围人的赞扬、寻求心理满足。但是，他们生理、心理发育还不成熟，考虑事情欠周到，常常把好事做成了坏事，这是很自然的。因此，我们把孩子们做的那些动机好、效果坏的蠢事，称之为'可爱的缺点'。"只有童心才能理解童心；只有学会"儿童思维"，教师才能够发现学生缺点中的可爱之处，甚至智慧之处。

儿童般的纯真。童心，意味着纯朴、真诚、自然、率直，而这些也正是人民教师，特别是中小学教师应具备的品质。生活阅历赋予我们成熟，社会经验赋予我们练达，文化知识赋予我们修养，人生挫折赋予我们机智……但是，对真善美的执著追求，对假恶丑的毫不妥协，火热的激情，正直的情怀，永远是教育者的人格力量！当教师第一次与学生见面，他就开始置身于几十位学生的监督之中，哪怕表现出一点点矫饰、圆滑、世故、敷衍塞责、麻木不仁、玩世不恭……都逃不过学生那一双双明净无邪的眼睛，并会在学生纯洁的心灵上留下阴影。作为社会人，教师也许会有几副面孔，但面对学生，教育者只能有唯一的面孔：诚实！须知真诚只能用真诚来唤起，正直只能以正直来铸造。正因为如此，卢梭在《爱弥儿——论教育》中告诫教育者："不要在教天真无邪的孩子分辨善恶的时候，自己就充当了引诱的魔鬼。"

1995 年 6 月 1 日

 整理附记

本文发表在 1995 年 7 月 10 日的《光明日报》上后，我收到一些读者的来信，有人在信中提出疑问："童心固然可贵，但童心怎能取代教育？"我回信说："童心当然不能取代全部教育，但教育者的童心是教育的必备条件之一。"如果某个教师不具备童心，那么他最好改行干别的，因为若勉为其难，他很痛苦，学生也会很痛苦。所以，苏联教育家阿莫纳什维利说："谁爱儿童的叽叽喳喳声，谁就愿意从事教育工作；而谁爱儿童的叽叽喳喳声已经爱得入迷，谁就能获得自己职业的幸福。"

2014 年 6 月 8 日

甜蜜的"苦差事"

——谈班主任的苦乐观

当教师"苦",当班主任更"苦",这是不言而喻的。但"苦"中之无穷之乐,乐中之无尽之趣,却不是每一位班主任都能体会得到的。明代学者章溢早就说过:"乐与苦,相为倚伏者也,人知乐之为乐,而不知苦之为乐。"

我们常常会听到一些年轻班主任抱怨:"我整天都围着学生转,从催促早操到检查晚寝,还要找人谈心……忙死了!"是的,如此披星戴月的确比一般科任老师辛苦,但这何尝不是班主任特有的幸福源泉之一呢?与学生朝夕相伴之际,师生感情就更为深厚;与学生促膝谈心之时,师生心灵便更加贴近。比起其他科任老师,我们同学生的接触要密切得多,对学生各方面的关心越无微不至,我们得到的来自学生的爱也越丰厚。相信所有真正热爱孩子的班主任都有过这样类似的经历和体验:当你和学生一起出去郊游时,在纵情嬉戏中,你会感到自己不知不觉走进了学生的心灵,自己也变年轻了;当你重病在床时,最能给你以安慰的,是床前学生的微笑和他们送上的一束鲜花;学生毕业前夕,在他们依依不舍的眼神里,你会发现,学生最留恋的老师,还是他们平时有些"惧怕"甚至有点"怨恨"的班主任……面对学生爱的回报,作为呕心沥血的班主任,我们会感到由衷的欣慰:也许我们的月收入远不及那些"个体摊"上的买卖人,但我们从事的不仅是太阳下最高尚的职业,而且也是地球上最幸福的事业!因为我们拥有几十颗童心,这是何等优厚的精神财富啊!

当然，对于具有创造精神的班主任来说，他得到的财富不仅仅是来自学生的敬意，更有来自事业的硕果。

谁都希望自己在事业上有所成就，然而现在一些教师（特别是一些刚分配到学校的大学生）都宁愿把这份事业心用于学科教学，而不看重班主任工作；即使当了班主任，也不愿下功夫研究。因为在他们眼中，班主任工作不外乎就是管管纪律，哄哄孩子，要么当"警察"，要么做"保姆"，总之，作为"研究"对象，实在搞不出什么"名堂"。另外从客观上看，班主任工作比起单纯的知识传授要复杂、困难得多，既无现成的教材，也无具体的模式，而且周期长，见效慢，往往辛辛苦苦做了许多事，也很难立竿见影。尤其在前几年忽视思想政治工作的大气候中和目前片面追求升学率的巨大压力下，搞德育研究更为艰难，其收效远不如搞一套高考复习资料来得快……如此种种，使班主任科研长期以来一直得不到应有的重视，也使具有中国特色的"班主任学"至今未能真正建立起来。

从科研角度看，班主任工作当然很难搞，但正因为"难搞"，它才更具价值。由于种种原因，中国的教育理论相对来说是落后的，而在教育学理论中，德育理论研究又是最薄弱的部分。这使不少教师做起班主任工作来感到"无章可循""无本可依"。然而，德育理论的暂时困乏恰恰为一切有事业心的班主任提供了一块开垦耕耘的处女地，为我们勇敢探索、大胆创新提供了一个大显身手的广阔领域。比起教育的其他方面，德育的空白要多一些，正等待着我们去填补：德育内涵的研究，德育新内容、新途径、新方法、新格局的研究，现代班主任素质的研究，班组管理科学化的研究，集体主义教育研究，商品经济下的德育工作研究，德育效果的科学评定研究，社会主义民主教育研究，社会主义人道主义教育研究……看，班主任工作是一项多么富于实践性、理论性与开拓性的科学事业啊！因此，班主任绝不应该是"警察"或"保姆"，而是真正的

"人类灵魂工程师"，只要我们善于思考、勤于实践、勇于创新，就会比单纯的科任教师取得更丰硕的教育科研成果。当然，还必须说明的是，从事德育研究与从事教学研究并不是矛盾的，二者往往互相促进、相得益彰。从苏联杰出的教育家苏霍姆林斯基，到中国年轻的教育家魏书生，都说明真正的教育家必然既教书又育人，仅仅凭学科教学而成为教育家的，几乎没有！

　　作为教师，永远面对的是朝气蓬勃的脸庞，这多么令人欣喜；作为班主任，永远面对的是晶莹的童心，这多么令人骄傲；作为教育科研工作者，永远面对的是挖掘不尽的宝藏，这多么令人自豪。献身于这平凡而崇高的事业，一切辛苦都是甜蜜的。正如青年马克思所说："如果我们选择了最能为人类福利而劳动的职业，那么，我们就不会被任何重负所压倒，因为这是为全人类所作出的牺牲；那时，我们感到的将不是一点点自私而可怜的欢乐，我们的幸福将属于千百万人。我们的事业并不显赫一时，但将永远存在，而面对我们的骨灰，高尚的人们将洒下热泪！"（《青年在选择职业时的考虑》）

 **整理附记**

　　从参加工作至今，除了读博士和在成都市教科所工作的短暂时间，我大多数时候都在做班主任，包括我做校长期间，也曾担任班主任。了解我工作特点的朋友都说我"工作起来简直不要命"，也有人惊异于我在如此"不要命"的工作投入中，竟然发表了那么多的文章，出版了那么多的书！其实这二者是统一的，或者说是互为因果的。我曾经对一些青年班主任朋友说过："你越是和学生打成一片，你就越有感情收获；而你越是有感情收获，你就越想与学生打成一片。这是班主任工作中的'感情良性循环'。"同样的道

理，当我们越是全身心地投入，对教育就会有越来越多的感受和思考，自然就会有越来越多的教育成果；而这些"成果"又会鼓舞和激励着我们以更大的热情投入到班主任工作中去——这是我们事业上的"良性循环"。有人问我："当班主任真的不累吗？"我反问道："那些通宵打麻将的人累不累？——人啊，一旦迷上了什么特别感兴趣的东西，是无所谓'累'的。"而且，一个教师只有做了班主任，才能称得上是真正的完整的教师。他的教育情感会因此而更加充沛，他的教育理解会因此而更加深刻，他的教育智慧会因此而更加丰富，他的教育生活会因此而更加幸福。

2014 年 6 月 8 日

教育是心灵的艺术

我为什么主动要求当班主任？

1982 年春天，我分配到四川乐山一中的时候，学校并没有安排我做班主任，我只是负责初 84 届（1）班的语文教学。那时该班的班主任是一位教体育的女教师冯老师。

尽管我只是科任老师，但我和学生的交往之密切，远远超出了一般的科任老师和学生的关系。也许是我的天性使我很爱和孩子打交道，也许是我教语文更容易走进孩子的心，总之学生就是喜欢我，我当然也很爱我的学生。学校外面就是岷江，我常常把学生带到江边去上语文课，让孩子观察后用笔描绘大自然在春天的每一点细微的变化。我还不止一次把作文课搬到农贸市场，让孩子们观察集市上人们的言谈举止。我利用语文课给孩子们朗诵长篇小说《青春万岁》，这让我的课成了孩子们每天的期盼。

我和孩子们的依恋之情越来越深。星期六下午放学的时候，我常常怅然若失，因为要隔一天才能见到孩子们。孩子们对我也是如此，他们向我说再见时，我能够从他们的眼神中读到不舍。因为刚当老师，我不会用嗓子，没多久嗓子便哑了。有一天我回到宿舍，却推不开门，原来门缝被一个纸包塞住了。掏出纸包打开一看，是治喉咙的药。送药的人没有留下姓名，但我可以肯定就是我班孩子放的。第二天，我站在讲台上笑眯眯地问："是哪个同学昨天给李老师送的药呀？"当然没有一个孩子承认，但台下，每一个孩子都神秘地笑着，而且每一张笑脸上都有一双那么明亮而调皮地望着我的眼睛，仿佛他们有一个共同的秘密瞒着我，又好像是他们的一个什么"阴谋""得逞"了，只有我蒙在鼓里。那一刻，我实在是被感动了。为此，我写了一首小诗，题目就叫"眼睛"，后来投给《乐山日报》，居然还发表了——这是我发表的第一首诗。

大约过了一个月，我想当班主任了，便找到分管教学的赵校长，本来我准备了一大堆说服赵校长让我当班主任的理由，没想到我一说要当班主任，赵校长便爽快地答应了："好，年轻人应该锻炼锻炼！"于是，我这个班主任走马上任了。我开始书写自己的教育诗篇，这一写，便写到现在……

26年过去了，作为校长的我还做着班主任，同时也做着班主任的"班主任"——我经常培训我校的班主任，我常常给年轻的班主任们讲我刚当班主任时的日子。我告诉他们，正是那时候的成功与挫折、喜悦与忧伤、欢笑与泪水、纯真与苦涩、骄傲与尴尬……以及对这一切的反思，让我对教育、对学生、对自己的人生，有了越来越深刻的认识，我的教育情感越来越丰富，教育给予我的幸福也越来越丰厚。

2008 年 11 月 24 日

 **整理附记**

重读这篇六年前写的回忆文章，不禁感慨：现在的年轻人会不会觉得我很"傻"呢？20世纪80年代初期，那时的风气和现在的相比有许多不同。比如，对年轻人好像缺少"激励机制"——除了学校期末评选优秀老师外，几乎没有任何其他的评优选先，也没有职称一说（中学教师的职称评定是1986年才开始的）。另外，那时候的工资不高，而且是"大锅饭"——无论多少工作量，每个月的工资都不会增加或减少。比如，无论当不当班主任，无论教几个班，每个月工资都是52.5元（四川省当时一位大学毕业生工作转正后的工资标准）。这种体制、这种氛围，不好的方面当然就是干好

干坏一个样，让懒人有空子可钻；但好的一面就是让想干事的人心态平静而从容，不浮躁。只要你想干事，就专心致志地去干，别有什么杂念。静下心来，不急不躁，不慌不忙，潜心于教育教学本身，而不是老想着"获奖""晋升"。这就叫淡定，叫沉静，叫朴素。相比现在，年轻教师机会很多，比如在成都，一个刚参加工作的年轻教师，在30岁以前，可以争取评"教坛新秀"；35岁以前，可以争取评"市优秀青年教师"，然后还有区市省各级"骨干教师""学科带头人""特级教师"等头衔在前面等着；40岁以前，如果想"进入管理层"，还可以去报考"校长助理"……从好的方面说，这是"激励机制"；但事情的另一面则是在某种程度上助长了年轻教师的功利心。现在一些年轻人连参加一次主题班会竞赛都有明确的功利目标，每参加一次教学公开课大赛都非常计较获奖等级，因为他们太渴望"建功立业"了，太渴望"一炮打响""一举成名"了。不少刚参加工作的年轻人，都有诸如"三年拿下教坛新秀，五年拿下市优青"的"人生规划"，于是每一堂课、每一次班级活动都有教育以外的目的——"扩大影响"与"提升形象"。教师急切地想"率先创立"什么什么"模式"，或"国内第一个提出"什么什么"理念"，学校也愿意通过媒体宣传、帮助出书等方式"打造"这个"名师"以"提升学校品牌"。怀着这种心态，想从容不迫地做教育，想耐得寂寞做真教育，我认为是不太可能的。因此，我一直坚定地认为，要让教育纯粹一些——这是一个教师最终能够成功的最重要的原因。

2014 年 6 月 11 日

第二辑　若有所思

2

教育是心灵的艺术
——李镇西教育随笔选

中小学国情教育刍论

随着中小学爱国主义教育的深入开展，国情教育已引起越来越多教育者的重视。所谓"国情教育"，简单地说，就是有目的、有计划地向学生宣传、讲授国家各方面的基本情况和基本特点，以激发学生的爱国热情，坚定学生的报国信念。中小学国情教育的对象是文化知识尚不够丰富、世界观尚未形成或正在形成的青少年学生，因此，在教育作用、教育原则、教育内容、教育途径等方面自然应与国家对其他公民的国情教育有所不同。本文拟就此发表一些浅见。

1.国情教育的作用

（1）国情教育是爱国主义教育的基础。

如果说集体主义观念是形成学生爱国主义情操的道德感情基础，那么，对国情的全面了解，则是形成学生爱国主义品质的思想认识基础。国情教育并不等于爱国主义教育，但它与爱国主义教育有直接联系。教育学上讲学生思想品德教育的原则之一，是"知""情""意""和"相结合，而对爱国主义教育来说，国情教育就是"知"的教育。由国情之"知"，到爱国之"情"、报国之"志"（意）、效国之"行"，充分体现了国情教育与爱国主义教育的有机联系。

（2）国情教育有助于学生正确理解与认识党和国家的路线、方针以及一系列英明决策。

中小学的政治思想教育，常常要对学生进行四项基本原则的教育、党的基本路线的教育、中央领导同志重要讲话的基本精神的教育等等。如果这些教育像对成人的教育一样充满抽象理论和政治宣传色彩，显然很难被学生入耳入脑地接受；如果这些教育结合国情教育来进行，那么，不但各种"政治教育"变得生动化、具体化，而且能让学生既知道"是什么"，又明白"为什么"，从而在政治思想上树立正确的观念。

（3）国情教育有利于学生掌握科学的思想方法与思维方式。

实事求是，一切从实际出发，是党一贯的思想路线。从另一个角度讲，这也是一种科学的思想方法。近年来，许多青少年学生产生了不少急躁情绪和偏激思想，不能正确看待我国的暂时落后，不能公正地评价我国的已有成就，盲目崇拜西方发达国家……应该说，这同他们孤立、片面、单一的思想方法与思维方式有一定关系。因此，我们进行国情教育，就不仅仅让学生了解一些国情知识，也要使他们能正确认识祖国的历史和现在，积极、科学地展望我们民族的未来，学会用全面的、发展的、历史的眼光看问题，从而逐步形成辩证唯物主义与历史唯物主义的科学世界观。

（4）国情教育将促进中小学德育更加完善。

中小学德育的改革，不仅仅是德育方法的改进创新，更是德育内容的充实更新。国情教育的内容，对中小学生来讲，既有知识性，又有趣味性，而国情教育本身又体现了思想性，因此，有意识地将国情教育纳入德育序列，必将使德育内容更加丰富多彩，德育形式更加活泼多样，德育效果也会更加明显实在。

2. 国情教育的原则

（1）社会主义导向的原则。

我们的国情教育，之所以称为"教育"，就是因为它不是单纯的、客观的国情介绍或知识讲授，而是目的性很强的思想教育。具体来说，就是要通过国情教育与其他教育的配合，不仅培养出一批忠诚的爱国主义者，而且造就出一代坚定的社会主义者。我们要让学生通过了解祖国的历史，特别是深重灾难的近代屈辱史与雄浑悲壮的现代斗争史，懂得中国人民选择社会主义道路的历史必然，以及现阶段爱国主义与社会主义本质上的统一，从而坚定社会主义信念和共产主义理想。因此，国情教育的每一个环节（内容的考试、方法的选择、活动的设计、效果的评价等），都必须以此为导向，服从这个大目标。任何背离或偏离社会主义方向的"国情教育"都是极端错误的。

（2）实事求是教育的原则。

这一原则要求我们在进行国情教育时，既要以正面宣传为主，又要适当地向学生介绍我国的某些不足。以正面宣传为主，就是要理直气壮地向学生介绍我们民族的灿烂之处与光荣所在。无论是古代对世界文明的贡献还是当代举世瞩目的成就，无论是我们得天独厚的自然资源还是我国先进优越的社会制度，都应通过各种途径让学生如数家珍地知道，以唤起他们发自肺腑的国家自豪感与民族自信心。这一点，对小学生和初中生尤其重要。一个不明白祖国为何可爱的人，是不可能由衷地爱国的。在以正面宣传为主的同时，为了增强学生的社会责任感、历史使命感，我们也应有选择地、有明确教育目的地向学生讲一讲我国在某些方面的暂时落后，以及现在面临的各种困难。当然，在介绍不足的时候，我们尤其应科学地分析存在这些问题的历史与现实的种种主客观原因。实事求是地进行国情教育，既是我们教育的真诚所在，也将是我们教育的成功所在。

（3）教育教学渗透的原则。

中小学的国情教育可分为两个组成部分：一是与学科教学有机

结合的国情教育（不少学科现行教材中有相当多的国情内容与国情知识），一是政治思想教育中专门的国情教育。理想的国情教育应是这二者的互相渗透、协调统一。一方面，有关学科的教师应善于挖掘并充分利用教材中的国情教育；另一方面，学校德育工作者，特别是班主任，在进行专门的国情教育时，要善于联系学生的文化水平、知识基础，寓教于知、深入浅出地对学生进行国情教育，有时还可与有关科任教师取得联系，以得到帮助与配合。总之，教育教学渗透的原则，要求思想教育中的国情教育体现出知识性、教学性，学科教学中的国情教育体现出思想性、教育性。

（4）主导主体统一的原则。

以教师为主导，以学生为主体，这也应成为国情教育的原则之一。所谓"以教师为主导"，指的是教师对教育目标的明确制定、教育内容的精心选择、教育形式的巧妙设计、教育程序的科学安排以及整个教育过程的从容把握，简言之，指的是国情教育中教师教育实施的主动性与教育实践的独创性。所谓"以学生为主体"，含义有三：一是教育要考虑学生实际，国情知识内容极广，教师选择什么给学生讲，主要还是应看学生需要什么；二是教育要尊重学生的认识心理与接受方式，否则，如果学生不愿听，无论教育内容多么科学，都不起作用；三是国情教育应借助各种课外活动和社会实践，鼓励学生参与教育，从而引导学生自我教育。因此，国情教育中主导主体的统一，实际上是贯彻上级教育精神与考虑学生思想实际的统一，教师积极教育与学生自我教育的统一，思想观念教育与社会活动实践的统一。

3. 国情教育的内容

国情内容是极为丰富的，一般来说，它包括政治制度、经济状况、历史传统、民族特点、科技水平、教育发展、自然资源、生态环境等等。但这些并不是都要给中小学生讲授，前面已谈到，教育内容既应服从党和国家现阶段对学生的教育要求，又应考虑我们学生的思想实际。因此，我认为，目前中小学国情教育的内容应侧重于以下几个方面。

历史国情方面：中国古代在文化、艺术、科技等方面对人类文明的伟大贡献，中国半封建半殖民地的近代史，中国新民主主义革命史，中国历代杰出的民族英雄与爱国志士。

现实国情方面：新中国成立后我国在政治、经济、文化、军事、科技、外交等方面的辉煌成就和重大胜利，我国的社会性质、国家政体、文化水平、教育发展、民族特点、人口状况等等。

自然国情方面：我国的地理气候特点、自然资源状况和生态环境问题。

比较国情方面：与旧中国相比，新中国的发展水平；与世界上其他国家相比，我国的综合国力；与发展中国家相比，我国政治制度的优势和发展的速度；与发达国家相比，我国的差距，产生差距的原因和缩短差距的对策。

4. 国情教育的途径

（1）学科教育。

即通过学科教学进行国情教育。这一途径的教育实施者是科任教师。教育者要通过政治、语文、历史、地理以及各种相关的选修课，有意识地对学生进行具体生动而又潜移默化的国情教育。

（2）班级教育。

即班级内部开展的教学以外的国情教育。这一途径的教育实施者是班主任。班主任可通过主题班会、专题讲座、知识竞赛、阅读书报、观看影视、讲演作文等丰富多彩的形式对学生进行国情教育。

（3）学校教育。

即学校统一组织的各种大规模国情教育活动。这一途径的教育实施者，除了班主任，还有学校党政领导、政教处等。学校一级的教育活动，主要通过报告会、升旗讲话、文艺汇演等方式来进行。学校领导应特别重视利用每年固定的一些节日、纪念日，如五四青年节、六一儿童节、十一国庆节、近现代史上一些重大事件的纪念日以及我国一些伟人与英雄的诞辰日、逝世日等，来进行相关内容的国情教育。

（4）社会教育。

即组织、引导学生在社会天地中接受国情教育。这一途径的教育实施者，既包括学校教师，也包括社会各界的有关人士。让学生在社会中接受国情教育的具体形式有：参观工厂、农村，调查社会现状，采访各类人物，凭吊革命遗址，参加义务劳动，等等。

国情教育，是中小学德育工作者面临的崭新课题，对它的研究与实施，还不很成熟与完善，这更要求我们勇于探索，大胆实践，一边尝试，一边总结，以逐步使国情教育趋于规范化、科学化、系统化。可以预见，人们对国情教育理论与实践的重视，必将推动中小学德育的改革，从而最终使我们的社会主义德育有效地服务于社会主义的现代化事业。

1990 年 11 月 5 日

 **整理附记**

这篇文章是一篇约稿，因当时中央领导同志强调国情教育，许多报刊都发了一些类似的文章。由于编辑有一定的体例要求，所以

本文似乎写得中规中矩了一些。但文中的观点是我自己认真思考后得出的。遗憾的是，"一阵风"过后，国情教育似乎也就烟消云散了。这可能也是我国的"国情"之一吧。但真正的教育不能随"形势"而跟风，而要有一些沉淀的东西，特别是国情教育。中国正在走向现代化，必然会融入世界文明的潮流。在这一背景下，让我们的孩子在放眼全球吸纳人类普世价值的同时，珍爱并保持我们民族文化中的精华，是国情教育要完成的任务。

2014 年 6 月 8 日

改进爱国主义教育的若干思考

要加强爱国主义教育，必须改进爱国主义教育。近些年的爱国主义教育之所以被削弱，除了受整个政治思想工作滑坡的大气候影响外，学校爱国主义教育本身在内容与方法上也存在一些问题。因此，当前开展爱国主义教育，我们既应继承传统，更应大胆改进。针对以往爱国主义教育工作中的某些弊病，我认为，加强和改进爱国主义教育应尽量做到以下五个方面的"统一"。

1. 爱国主义教育与集体主义教育的统一

我们一些同志的爱国主义教育效果不理想，并不是因为他们"教育"得不够，而恰恰是因为他们往往"专门"进行爱国主义教育。这种"教育"的"专门化"又恰恰使爱国主义教育处于孤立的地位。而离开了其他德育内容，特别是离开了集体主义教育的爱国主义教育，无疑是空中楼阁！——我们很难设想，一个对集体漠不关心的学生会成为一名具有强烈社会责任感的爱国主义者！

作为一种理论、思想或感情，爱国主义与集体主义当然不能完全等同。但是，二者绝不是毫无联系，更非截然对立。集体主义是爱国主义的思想基础，爱国主义是集体主义的扩展与升华。我们似乎可以这样说，爱国主义是集体主义在国家关系、国家利益上的体现。因此，从这个意义上看，爱国主义与集体主义是完全一致的。基于这个道理，爱国主义教育与集体主义教育的统一自然是理所当然的了。

不过，提倡爱国主义教育与集体主义教育的统一，绝不是把二者完全等同起来，更不是用其中一种教育取代另一种教育。而是说，在进行集体主义教育时，应以爱国主义为导向；在进行爱国主义教育时，应以集体主义为铺垫。当然，在开展具体的教育活动时，二者有时的确交相辉映，甚至水乳交融。

2. 爱国主义教育与学生心理特点的统一

教育应切合学生实际，但一些教师对这"实际"二字，往往只理解为学生原有的认识水平、思想基础。我认为，除此之外，还应包括学生的心理特点。从广义上讲，爱国主义教育是面向所有公民的，但我们这里讲的是学校（主要是中小学）爱国主义教育，因此，这个教育在内容和形式上都应针对学生的心理特点而有别于成人爱国主义教育。遗憾的是，学校爱国主义教育的成人化现象并非个例。仅举笔者所见的两例：在初一的作文课上，教师为配合"爱国主义教育周"而布置学生写题为"祖国·理想·人生"的讲演稿；组织学生与教师一起听"国情教育"的长篇报告……像这样的爱国主义教育很难说是深入学生心灵的，其效果自然不会令人满意。

提倡爱国主义教育与学生心理特点的统一，含义有三：一是在内容上，教育者应善于把爱国主义的"大道理"转化为学生容易理解、乐于接受的"小道理"。比如有的班主任在进行爱国主义教育时，先从"了解家乡、热爱家乡"抓起，这便是"化大为小""以小见大"的教育艺术。二是在形式上，教育者应针对学生的心理特点，尽量采用生动可感、情趣盎然的教育方法，把空洞抽象的理论教育转化为潜移默化的感染熏陶。不少优秀教师在这方面还是颇有创造的，如"中华知多少？"（知识抢答赛）、"环游祖国"（象征性旅游）、"与边防战士对话"（录音报道）、"我代表中国！"（模拟中外记者招待会）……三是教育还应因不同学生而异。我们既要看到学生与成人的不同，还应看到不同类型的学生本身也存在差别：小学生与中学生、低年级新生与毕业班学生、城市学生与农村学生、沿海学生与内地学生等等，其心理特点也是千差万别的，要使爱国主义教育真正收到实效，教育者就应该研究学生的心理，走进学生的心灵，避免教育的"一刀切"。

3.学习英雄模范与学习普通劳动者的统一

我国历史上众多民族英雄的壮举与当代无数模范人物的事迹，无疑是爱国主义的生动教材，通过学习英雄模范来唤起学生的爱国之情，培养他们的报国之志，是学校爱国主义教育的方式之一。现在的问题是，一些教育者在教育学生向英雄人物学习的时候，忽视了引导学生也应向身边的普通劳动者学习，这不仅导致了爱国主义教育途径的单一与狭窄，而且也容易使学生产生认识偏差，仿佛只有伟人才真正爱国，因而才值得尊敬。报载，曾有记者在中美儿童中进行调查："你最崇敬的人有哪些？"我国儿童的答案往往是古今名人、英雄模范，而美国儿童的答案大多是自己的爸爸、妈妈和老师。这个现象很值得我们深思：我们的学生只尊敬杰出人物，这难道就是我们进行爱国主义教育的理想效果吗？实际上，一些中学生已经对这种片面的教育提出批评了——在我搞的一次调查中，曾有学生这样写道："一说到爱国，老师便举出一些惊天动地的事业教育我们。试问：天下惊天动地的事究竟有多少？我们觉得这些惊天动地的事自己是很难碰上的，也没能力去做，因而觉得我们这些人很难爱国。"

"伟大出自平凡"几乎成了教育中的套话，我们在对学生进行教育时常常忘记这个常识。引导学生既学伟大爱国者又学普通劳动者并不矛盾，而且就学生实际而言，后者更容易让学生接受，也更容易收到实效。对一般学生来说，谁也无法天天目睹世界冠军的拼搏英姿，但他们可以天天看见自己周围无数劳动者——家里的父母、学校的老师、街上的清洁工人、民警叔叔默默无闻地为国尽力；谁也不能断言自己将来就一定是科学家，但他们起码可以成为一名真正有所奉献的劳动者；甚至不仅仅是将来长大后才能报效祖国，学生每天的一言一行都可以直接或间接地表现出他的爱国情怀——作家柏杨有一句话说得好："什么叫爱国？马路上少吐一口痰，就是爱国。"如果我们这样去教育学生，学生便会心悦诚服地认识到：爱国并不神秘，也不遥远，人人都可以爱国，处处都可以爱国，时时都可以爱国。

4.自信心教育与危机感教育的统一

爱国主义教育的目的，不仅仅是培养学生热爱祖国的自豪感，同时还要激发学生建设祖国的责任感，这就要求我们的爱国主义教育应该是自信心教育与危机感教育的统一。社会主义制度的优越性和广阔前景，神州大地幅员辽阔、物产丰富、山河壮丽，文明古国悠久的历史和灿烂的文化，古往今来中华民族对世界文化、艺术、科技的杰出贡献，以及一代又一代英雄豪杰可歌可泣的事迹……这一切都该让学生广泛了解或切身体验，从而使他们感到作为这块美丽土地的主人和一个伟大民族的一员是多么光荣与自豪。但同时，我们还应让学生清醒地认识到，由于种种原因，比起发达国家，我们的祖国母亲还不富裕，虽然基本上解决了温饱，但贫穷和愚昧的阴影至今仍笼罩着祖国大地的某些地方，人口危机、教育危机、环保危机等等，还困扰着我们亲爱的祖国。而最大的危机是，在当今世界的科技竞争、经济竞争的战场上，我们民族的生存危机，我们祖国的"球籍"危机！要让学生感到自己的命运与祖国的前途息息相关，自己的事业与时代的重托紧紧相连，进而产生"担负起天下兴亡"的责任心和"只争朝夕"的紧迫感。

有的教师总担心一提祖国的"危机"，就会使学生"泄气"，其实这种担心是多余的。因为，第一，我们的危机感教育并不是孤立进行的，而是与自信心教育相配合。使学生既看到祖国的光辉成就，不至于自卑失望、丧失信心，又看到祖国的暂时落后，不至于自我陶醉、盲目乐观——这才是科学的、全面的爱国主义教育。第二，我们进行危机感教育的动机，是激励学生"哀兵必胜"的斗志，而不是嘲笑、辱骂自己的祖国。让学生感到一种迫在眉睫的危机，恰恰是为了让祖国早日摆脱危机。这就决定了我们在进行教育时，必须内容适当、方法审慎。总之，只要善于引导，危机感教育一定会产生积极效果的。

还需特别指出的是，自信心教育与危机感教育，应根据不同年龄阶段的学生而确定不同的侧重点。一般来讲，就小学生或中学低年级学生而言，应以自信心教育为主，因为对他们来说主要是进行爱国主义的启蒙教育，首先要让他们在了解祖国、认识祖国的活动中觉得祖国可爱；而对于中学中高年级学生，则应逐步加大危机感教育的分量，使这些思想逐步走向成熟，即将踏入社会的学生对自己担负的历史使命有着充分的思想准备。

5. 教育内容与教育形式的统一

这个提醒似乎是多余的，教育中内容与形式的统一本应是不言而喻的。但现在爱国主义教育中内容与形式并不统一的现象的确是有的，其突出表现是离开内容一味追求空洞的形式，甚至导致不同程度的形式主义倾向。因此，这里重提内容与形式的统一，主要是强调爱国主义教育中应把内容放在首位，而不应单纯讲究教育形式的"别出心裁"。

当然，在有些时候，为了作动员、造声势，我们可以也应该借助轰轰烈烈的大型活动；在内容真实、感情真诚的前提下，我们也不反对尽量采用一些生动活泼的形式。但是，爱国主义教育首先是一项宏伟持久的精神文明建设工程，而不仅仅是诸如"爱国主义教育周"之类的中心工作或短期运动；同时，爱国主义教育毕竟又是一门春雨润物般塑造灵魂的艺术，而不应只是某些节日期间的表演或装饰。所以，现在我针对爱国主义教育中存在的形式主义倾向，而提出教育内容与形式的统一，就是希望广大教育者多在真实的内容与扎实的效果上下功夫。忽视学生真情实感的表演式、竞赛式教育形式，不但会引起学生的逆反心理，而且也不可能真正收到教育效果。

在这里，我们不妨听听苏霍姆林斯基的忠告："儿童、少年、青年口头上会说他怎样热爱祖国，甘愿为祖国而牺牲，但是这些话本身并不能作为学生所受的爱国主义教育程度的真正标准；教育的明智在于：不要让我们的学生毫无热情地、不假思索地说出这些话来。因此，我们坚决禁止组织这样的竞赛：看谁关于热爱祖国的演讲或作文讲得最漂亮。教学生高谈阔论爱祖国，取代了教学生爱祖国，这是不可思议的事。"（《给教师的建议》）

1992 年 10 月 11 日

 **整理附记**

本文在《河南教育》发表后，又被《中国教育报》转载。但在自身周围，我听到的更多的是不同的看法。争议的焦点主要集中在"危机感教育"和文章结尾引用的苏霍姆林斯基的一段话上。但

我至今仍坚持我的观点，因为这是"实事求是"的教育。不过，我现在更忧虑的是，许多陈腐而有害的观念会打着"爱国主义教育"的旗号死灰复燃，比如前几年在所谓"抵制日货"的浪潮中，一些"爱国者"（我更愿意称他们为"爱国贼"）对自己的同胞大肆打砸，但这样的行为，今天却被一些人视为"爱国"。我们绝不能培养这样的"爱国贼"！

2014 年 6 月 8 日

引导学生选择真理

中学生（尤其是高中生）对思想教育的逆反心理，使不少教育者深感头痛却又无可奈何。要改变这种状况，仅仅靠教育方法上的花样翻新是远远不够的，我们应该在教育指导思想上来个变革。我认为，学校的思想教育，不应总是急于向学生灌输说教，而应着眼于引导学生选择真理。

所谓"引导学生选择真理"，就是说，教育者在向学生进行各种思想教育时，其身份不是居高临下的"传教士"，而是与学生平等的、志同道合的探索者。同时，教育者在思想上应明确这一点（这一点也应该告诉学生）：我们教师对学生所谈的思想观点，并不一定强迫学生非相信不可，非接受不可；我们之所以要说出自己的看法，只是为学生获得正确的认识多提供一种选择，并且尊重他们的选择，而不是自以为"句句是真理"，唯恐学生不"铭刻在脑子里、溶化在血液中、落实在行动上"。

有人担心，这样一来会削弱本来已经薄弱的思想教育。这种忧虑是多余的。教育者在思想教育中敢于变"向学生灌输"为"引导学生选择"，恰恰是基于两点教育自信：一是自信至少大多数学生是勇于追求真理、乐于接受真理的。他们所诞生于其中的时代，他们所成长于其中的社会，他们从读幼儿园起所受的各种正面教育和潜移默化的感染，决定了大多数中学生在走向成熟、形成科学世界观的过程中，是会经过一番独立思考而且选择真理的。二是自信自己的教育思想是有真理的科学性。坚信在各种复杂、形形色色的思潮中，自己同样经过独立思考而选择的思想、观点、认识、看法，一句话，自己真心信奉的马克思主义真理连同自己赤诚的情感，一定会征服学生。如果对自己所传授的思想都言不由衷，甚至根本就不相信的教育者，无异于精神骗子。

由此看来，以"引导学生选择真理"为指导思想的教育工作，并不是削弱思想教育，而是强化思想教育。对于教师来说，教育目的时刻都应该明确；但对于学生来讲，我们的教育意图却应该尽可能地隐蔽起来。一味地灌输，往往会招致学生的厌恶；而教育痕迹的淡化，常常会收到并非淡化的教育效果。——这一思想教育辩证法，已为愈来愈多的教育实践所证实。

1988 年 5 月 4 日

 **整理附记**

我经常想起李大钊、方志敏那一代共产党人是怎样建立起坚定的信仰的。在形形色色的思想浪潮、理论流派中，甚至在血雨腥风的白色恐怖下，他们最终选择了共产主义，并且为之献出了自己的生命！这种真正的信仰，绝对不是靠"灌输"建立起来的。再对比一下现在一些号称"共产党人"的腐败分子，与其说他们的堕落是对共产主义信仰的背叛，不如说他们根本就没有建立起过真正的共产主义信仰——因为他们的"信仰"是被"灌输"的。作为教育者，我们应该从中汲取教训，进而反思并改进我们的教育。不过，以我今天的认识看，"思想教育"这个提法应该摒弃了，因为这很容易导致思想专制。我这个想法当然是可以讨论甚至争论的。我想到了苏霍姆林斯基的一段话："不要去强制人的灵魂，要去细心关注每个孩子的自然发展规律，关注他们的特性、意向和需求。"（《把整个心灵献给孩子》）

2014 年 6 月 8 日

"习惯"、习惯思维及思想教育
——高考作文阅卷随感

　　面对 1988 年的高考作文题目"习惯"，相当数量的考生在作文中批评种种坏习惯。可他们恰恰不知不觉地陷入了另一种"习惯"的泥潭，这就是老是摆不脱习惯性思维的束缚。反映在作文上（议论文尤其突出），不仅思想同一，结构雷同，甚至连论据、语言也惊人地相近——"量变到质变""防微杜渐""把坏习惯消灭在萌芽状态"……真使人怀疑，这成千上万份作文似乎是考生们在考场上互相抄袭的，实在令老师们摇头叹息："个性鲜明的文章何其少啊！"

　　但是，这能责怪学生们吗？大量"套话作文"的产生，实际上反映了我们思想教育的弊端。

　　议论文写作不单纯是写作技巧的纯熟运用，它首先应该是真实思想、独特见解的由衷表达。恰恰在这一点上，我们的教育是存在很大问题的。长期以来，我们虽然也经常地讲要培养学生独立思考的能力，但实际上，一些教师总是担心学生有自己的思想，甚至有意无意地扼杀学生幼稚的思想萌芽，总是企图使学生的每一次发言、每一篇文章都能服从于既定的思想框架和思维模式。久而久之，学生的思想锋芒被磨灭了，只习惯于重复别人的思想，宁可说些空洞到极点的话，也不愿公开表达富有个性的创见。于是，出现一篇篇中心一致、思想贫乏的雷同作文，当然是很自然的了。

　　而且，我们的教育不仅仅习惯于交给学生以现成的、统一的思想，还喜欢规定学生的思维方式，总是希望学生顺着教师的思路去

"思考"。一旦学生有了发散性思维、逆向思维以及其他非常规的思维，往往会被教师斥为"胡思乱想"。

然而，仅仅责怪教师似乎也不太公平。阅卷之余，一位教师道出了教育者的苦衷："我们当然希望自己的学生个性鲜明，善于独立思考，但这样的学生今后到了社会上要吃亏啊！"的确，学生富有创见的思想和创造性思维能力的形成，需要教育者自身拥有一颗自己的头脑，并勇于打破陈旧僵化的思想教育模式；而要做到这一点，最终还有赖于一个长期宽松和谐的社会政治环境。只要学生不违反四项基本原则，就应该让他们思想的骏马自由驰骋。只会复述别人的思想，这对个人来说是保险的；但对于民族的未来却是不幸的。愿"文革"中八亿颗脑袋只装一个人思想的悲剧永远不再重演！

1988 年 7 月 23 日

 **整理附记**

这篇文章发表在 1988 年 7 月 20 日的《教育导报》上。遗憾的是，这么多年过去了，情况并没有多少改变。我每接一个新生班，都要为纠正学生作文中的公式化、假话、套话费很大的气力。有时，全班学生交上来的作文就像一个人写的！许多教师说，这是"应试教育"背景下普遍存在的一个令人忧虑而又让人无奈的现象。这样说当然不错，但我认为，还不能仅仅归咎于"应试教育"。问题的实质在于，由于长期以来受极"左"思想的统治，整个国家弥散着假话和套话，人们失去了说真话的权利，进而失去了说真话的勇气，甚至到最后连说真话的意识都没有了！其登峰造极的恶果，就是"文革"灾难的降临！没有了思想自由，必然鹦鹉学舌。这反映在教育上，便是阅读教学中的"思想一律"和作文训练中的"假

话盛行"！十一届三中全会以来，"实事求是"的思想路线开始得以恢复，极"左"路线的镣铐被砸碎；但是，历史的惯性远没有消失，极"左"的思维方式或多或少地还残存于一些教育者的头脑中，因而，教育中的种种弄虚作假现象至今仍未绝迹。当我看到不少学生因此而形成了心灵扭曲的双重人格时，我往往不寒而栗：也许我们在津津乐道于培养了许多擅长"编作文"的"写作尖子"时，学生的童心已经锈迹斑斑了！

2014 年 6 月 8 日

沉重的思考

——中学德育的危机及其原因初探

如果说，几年来我们对德育的反思多停留在"学生怎么了"的层面上的话，那么，面对一位品学兼优的女中学生自杀后留下的"教育遗产"（见《中国青年报》1988年7月8日第一版《她给教育者留下了什么遗产？》），我们每一位真诚的教育者不得不把解剖的刀刃对准自己了："教育者怎么了？"

北京一位中学生在1988年9月9日的《北京青年报》上以"难道我们的教育真的毫无责任吗？"为题写道："不少毕业生对他们的恩师说：'您希望我们做好人，可社会容不下我们啊！'对此，恩师们往往叹息世风日下，然后回到讲台上又向新一批学子传授自己坚信正确的道理，期望培养出一代'出污泥而不染'的'接班人'，可这一切不过是轮回而已！"——这正是我们教育者的危机所在，也是我们德育的危机所在。

1. 中学德育危机的种种表现

（1）德育效果微弱。

有很多人认为，我们现在的德育建设，应是对"文革"以来"乱了套"的德育的"拨乱反正"。他们一往情深地怀念"17年教育"。不可否认，"17年教育"的的确确培养了整整一代现在已成为我们民族栋梁的祖国建设者；但我们也应清醒地看到，"17年教育"本身也潜伏着祸根：德育的"政治化""纯洁化"和或多或少体现出的封建残余思想，造就了一批冲锋陷阵的"红卫兵"。

现在社会风气不好，原因是多方面的，当然不能仅仅归咎于教育，但学校德育能心安理得吗？1988年5月4日《成都晚报》报道："成都市公安机关最近在某重点中学抓获了一个强盗集团，六名犯罪分子都是共青团员或团支部书记。"如果说他们都是因社会不良风气的影响而堕落，那我们教育出来的学生何以如此"经不起考验"？再看看作为佼佼者的大学生吧——现在高校学风不正已让世人震惊，连大学生自己也在1988年第1期的《中国青年》上撰文惊呼："我们究竟出了什么毛病？"但是我们不妨统计一下：在现在的大学生中，共产党员、共青团员有多少？中学曾被评为三好生、优秀学生干部的学生又有多少？这些数字想必不会很小。而这对我们中学的德育岂不是一个讽刺？

现在改革已进入关键时期，究竟有多少学生具备现代社会、改革大潮中所应有的思想水平、道德风尚、心理素质和各种能力？实在令人不敢轻言乐观。

类似的德育效果微弱的例子，不胜枚举。

（2）德育方式的虚假。

从总体上看，中学德育主要是通过政治课教学、团队活动和班主任这三方面来进行的。恰恰是在这三个方面，传统德育暴露出了某种程度的虚假性。

我曾在中学生中进行调查："你最不喜欢什么课程？"答案惊人的一致："政治课。"学生普遍反映："政治课内容脱离实际，套话太多！""老师讲的和我们想的不一样，和我们看到的社会现实更不一样。""我们背政治就是为了考试。"

现在中学里的团员占学生总数的比例越来越大，而我们的校风与之并不相称。这除了确有不少团员放松了对自己的要求的原因外，还有一个重要原因，这就是我们团组织的发展往往缺乏真正的实事求是。为了升学，为了显示"政治上积极要求进步的人"很多，还为了其他各种原因，相当一部分并不符合团员标准的人却入团了。多年来，我们的教育往往用"政治面貌"来取代对一个学生的全部评价。一个学生入了团，便得到了一种社会承认：他是好学生。这不能不使人感到团员的贬值。

在班主任工作方面，是形式主义的主题班会、装腔作势的讲演比赛、弄虚作假的操行分数、被迫上交甚至被展览的"优秀日记"、违背生活真实与心灵真实的作文……运用这些曾经是我们的优良传统而后来却日渐霉变的形式，我们不少心地善良的老师却培养出了说假话的学生。一次，某校一个班的学生写作文《迟到》，大多数学生都不约而同地构思着学雷锋做好事而迟到的情节。这些学生真诚地以为自己是在反映"生活的本质""社会的主流"。有时我们精心组织一场英模报告会或形势教育讲座，以期学生被"深深地感动"，谁知却事与愿违，于是我们便一味埋怨学生"不理解"，"哪像五六十年代的中学生"……

（3）德育内容的陈腐。

万里同志曾尖锐指出："我国陈腐的传统教育思想和教学方法，可以说是一种封闭型的教育思想和教学方法。教育内容是固定的、僵化的，教育的任务就是灌输这些内容，不能稍加发挥，不能问个为什么，更不能怀疑。"(《在全国教育工作会议上的讲话》)这段话，我以为同样适用于对传统德育的批判。最近公布的《中共中央关于改革和加强中小学德育工作的通知》也指出："德育内容存在着一些脱离实际和呆板生硬、成人化等倾向，缺乏实效和吸引力。"

我认为，传统德育内容的陈腐主要表现在：第一，脱离社会实际。比如，我们以往的德育偏重于"光明面教育"，学生一踏入社会便有一种受骗感。第二，脱离学生心灵。曾有一名学生激愤地对我说:"有那么多的政治课、团组织生活和班会课,却很少谈我们真正关心的问题。"第三,德育内容过分"政治化""成人化""纯洁化"。长期以来,我们的德育总是把一切问题都提高到"政治高度"来看待,而缺乏起码的人性教育、公民意识教育。我们总是希望把每一个学生都培养成心灵纯洁高尚的人,这当然是应该的;但我们又忽视了引导学生正视生活中的丑恶现象,学生对社会缺乏必要的认识,使不少"纯洁的学生"一出社会便感到窒息。第四,一些德育内容还带有明显的封建色彩。比如,在师生关系上,我们很少与学生建立平等民主的关系,不是培养学生"吾爱吾师,吾更爱真理",实际上提倡的还是传统文化中"一日为师,终身为父"的绝对服从。最近,乐山市一名师范生给报社写信批评了某中学的一些不合理现象,却受到学生所在学校领导的严厉责难;最后,这位未来的人民教师竟饮恨自尽! ——传统德育便是如此扼杀着学生的独立意识和神圣权利!

(4)德育师资的低劣。

毫无疑问,改革开放十年来,许许多多有着真诚社会责任感的德育工作者,为改进和推进我们的社会主义德育事业,作了大量艰苦的努力,并取得了成绩。但从总体上看,正如《中共中央关于改革和加强中小学德育工作的通知》中所说:"德育工作队伍的素质还需进一步提高。"社会主义现代化成功的希望,在于思想素质现代化的一代新人,而这又只能由思想素质现代化的教育者来培养。正是在这一点上,我们的德育师资还很不适应新形势的要求。我们不少老师,有责任心,工作踏实,勤勤恳恳,但观念陈旧,方法过时,缺乏现代意识与独创精神,繁重的工作任务又使他们无暇学习现代教育科学理论。保姆式、警察式的班主任都属于这种情况。面对变化不断的教育对象,他们感到困惑:"唉! 老办法不灵,新办法不明,蛮办法不行!"

（5）德育理论的匮乏。

北师大教科所的李意如同志曾指出："在社会科学领域，教育学是比较落后的。而在教育学中，德育理论研究又是一个比较落后的部分。……我们还没有建成自己的德育理论体系，这影响到德育改革的进程。"的确，这是一个令人痛苦而又不得不承认的现实：泱泱大国，在最近几十年来，竟然没有世界公认的、第一流的、有着自己完整理论体系的教育家！

从某种意义看，新中国成立以来我们的教育一直是政治的附庸，教育理论也随着政治形势的变化而变化：忽而"教育要革命"，忽而"阶级斗争是一门主课"，忽而又"开门办学"……可以说，如此动荡不安地折腾，正是我们的教育科学包括德育科学理论至今建立不起来的重要原因之一。

即使在目前，我们的教育研究也明显地轻视德育。一般教师宁愿搞教学研究也不愿从事德育研究，似乎前者才具有科学性。在这种情况下，德育理论研究园地的荒芜当然就不难理解了。

2. 德育危机原因初探

从根本上说，目前的德育危机源于两个"冲突"——物质发展与精神建设的冲突，传统文化与现代意识的冲突。

人类追求美好生活，总是希望物质发展与精神建设和谐统一，然而在历史发展的每一个具体阶段，二者的发展往往难以保持绝对同步，总是有所侧重。这就必然带来相对的物质危机或精神危机。从 20 世纪 50 年代末到"文革"结束，可以说我们几乎都在抓"精神建设"，致使物质发展到了崩溃的边缘。最近十年，随着全党工作重心的转移，我们的主要精力是抓"物质发展"。在这一大的历史背景中，即使提出"两个文明一起抓"，实际上精神建设也很难落到实处。因此，德育呈现危机，应该说有一定的社会原因。

孕育了几千年古老文明的中华传统文化无疑是宝贵的精神遗产，在今天及未来的时代发展过程中，她的积极因素必然会焕发强劲的生命力。但我们也不能不看到，传统文化中的一些陈腐意识已经阻碍着我们民族文化的更新，因而正受到一系列现代观念的挑战。而德育作为传统文化的一部分，也不能不面临现代意识的冲击。要么在僵化中灭亡，要么在扬弃中重获新生——处在这历史发展的"交接点"，德育出现危机是很自然的。

"两大冲突"对德育的影响主要表现在以下五个方面。

（1）德育的危机实质上是道德的危机。

道德的继承性和延续性是显而易见的，但一个时代必然有一些新的道德规范，这也是历史发展的必然。随着社会主义商品经济的发展，必然呼唤与之相适应的道德规范，而传统道德中的某些内容显然已经属于昨天。问题在于，融合传统美德、共产主义道德和社会主义商品经济新秩序所需要的新道德的一系列思想观念与行为规范，并未应运而生。而一些教师往往对商品经济所必需的新观念大摇其头。这种暂时的"道德危机"反映在学校教育中，必然是德育的危机。

（2）封建意识在德育上的反映。

用不着拥有多么高深的理论水平，任何一个诚实的教师都可以看到，传统德育中确有不少封建遗毒。如注重教师"一言堂"式的"人治"，而缺乏对学生的民主教育和"法治"管理；注重师生关系上"师道尊严"的等级观念，而缺乏自由、平等的现代意识；注重"唯师""唯上"的对权威的盲目崇拜与迷信，而缺乏对创造性、独立性与进取精神的培养……德育中的这些封建意识，面对日益发展的现代化建设，必然感到空前的"危机"。

（3）传统政治文化在德育上的反映。

儒家的"以德治国"论、传统政治中的"道德中心主义"反映在德育上便是"思想工作"的"泛政治化"和"泛道德化"。几千年的封建统治使我们的民族有着浓重的"臣民意识"，封建统治者需要的只是百姓的绝对服从。这反映在德育上便是长期以来的"听话"教育，使学生只有义务意识却没有权利意识，更没有任何自己的独立思想与独立人格。而现在，我们的社会已经开始走向法治，人们的思想日趋活跃，人的主体意识开始觉醒。在这种情况下，曾经服务于"大一统"政治的德育便显出了自己的苍白无力。

（4）传统思维模式在德育中的反映。

最近，不少学者提出，西方传统的思维模式注重的是活动的细节，追求的是精细，因为他们更注重个体与局部；而以中国为代表的东方，传统的思维模式则偏重于对事物的总体把握，只求模糊，因为我们注重共性与整体性。客观地说，这两种思维模式本身并无优劣高下之分，因为这两种思维模式对人类文明的发展都是至关重要的。但是，只重共性而忽视个性的传统思维模式则给德育带来了不少消极的影响。这种影响的最大弊端，就是压抑了学生的个性发展。比如，我们喜欢用一个英雄模范为榜样，让几亿青少年学生只能有一种人生模式的选择。又如，我们的学校、班级从教育的内容到教育的方式都是高度统一的，缺乏个性特色，有时甚至连简单的教室布置的评比，也要绝对统一：规定必须贴什么宣传画、写什么格言、扫帚怎么放置等等。这种"一刀切"的德育怎么能适应充分尊重个性、鼓励人们充分展示自己个性的现代社会？

（5）国民弱点在德育中的反映。

鲁迅一生致力于对国民弱点的研究，并以改造国民弱点为己任。他认为，国民弱点由传统文化熏陶而成。传统文化产生于一定的经济条件，但它一旦形成，甚至融入民族性格，便会影响经济的发展、历史的进步。近年来不少学者发展了鲁迅对国民弱点的研究，把我国的国民弱点归纳为"欺瞒症""近视症""非我症""依赖症"不合作症""良知麻木症"和"守旧症"等七种。德育的弊端实际上也暴露了我们民族性格的弱点。下面着重谈谈"欺瞒症""近视症""非我症"和"依赖症"在德育中的反映。

第一，"欺瞒症"。反映在德育上，便是只对学生进行"形势大好，越来越好"的"光明面"教育，而不愿对学生实事求是地讲阴暗面。宣传英雄人物，也总是十全十美，总把一些"有损英雄形象"的"不足"掩饰起来。另外，还包括前面提到的许多形式主义的教育方式，明知是走过场，没有多大实效，也打肿脸充胖子，作为成绩大吹大擂。

第二，"近视症"。德育的急功近利，把德育过程简单化，总是希望通过一次报告、一次讲演、一次班会、一次谈心……便能立竿见影地解决学生的思想道德问题。热衷于表面上轰轰烈烈的各种德育活动，而不愿做深入细致、真正面对学生实际的工作。

第三，"非我症"。我们的德育很不注重增强学生的主体意识、自我意识，致使学生的个性受到压抑，独立人格得不到发展，自己不相信自己，不敢向老师提出问题或意见，迷信书本，膜拜权威，多是温良恭俭让的"谦谦君子"，而少有善于独立思考、勇于创新的开拓者。

第四，"依赖症"。有人把现在的学生称为"抱大的一代"，那么，究竟是谁在"抱"？我以为一手是家长，一手则是教师。学生从幼儿园起形成的依赖性不必多说，仅从传统德育对教师的评价我们便可看出学生的依赖性是怎样被强化的：在一些学校，越是寸步不离地守着学生上自习、做课间操、搞清洁卫生的班主任，便越是受到领导的表扬。台湾作家龙应台曾写下《幼稚园大学》一文，批评台湾大学生"独立处事的能力还不到五岁"。我看，相当一部分大陆学生又何尝不是如此？

以上对德育的分析仅仅为个人的一孔之见。批判当然不能代替建设，但批判是为了更好地建设。正如青年马克思所说："新思潮的优点恰恰在于我们不想教条式地预料未来，而只是希望在批判旧世界中发现新世界。"（《马克思恩格斯全集》第一卷）危机也罢，困惑也罢，阵痛也罢……这一切都是属于我们自己的。让中国教育走出困境、走向未来，这是我们这一代教育者的天然使命，也是我们民族现代化成功的希望。

1989 年 4 月 20 日

 整理附记

犹豫了许久，终于还是决定把这篇文章收进这个集子。为什么会犹豫呢？因为今天再来看这篇发表在 1989 年 5 月 20 日的《中国青年报》上的文章，我明显觉得文中有些观点过于偏颇、语言过于尖刻，情绪大于理智，总之，或多或少打上了那一时期的精神烙印。我之所以最后还是决定收进这个集子，固然是因为我觉得文中所反映的当时的德育危机毕竟是真实的，至少可以让后来的教育者了解那一时期的德育状况；但更重要的原因是，我深深感到，这么多年过去了，本文所提到的一些德育问题并没有大的改观，有的方面甚至更为严重。由此可见，德育改革，任重道远。

2014 年 6 月 8 日

请尊重学生的选举权

三好生的产生究竟是由教师内定，还是由学生选举？我们的回答是：当然由学生选举确定！然而，在某校的一次班主任会上，笔者却听到了这样一段对话——

某班主任："唉，我班的学生太不像话！选三好生时，净选些我不喜欢的娃儿；我喜欢的，一个都没有选上！"

某校长："怎么能让学生选三好生呢？注意：应是评三好生，而不是选三好生！"

某政教主任："其实让学生选也是可以的，只是选了以后由班主任统计选票作内部调整，然后公布结果。反正学生又不晓得！"

听到这里，我惊愕不已：这岂止是不尊重学生，简直就是对学生的欺骗！

当然，这几位教育者未必是存心欺骗学生，他们也许是想扶正压邪，让真正的三好生脱颖而出。但是，以剥夺学生选举权来纯正班风，班风绝不可能因此而纯正起来。相反，这样做只会扭曲学生心目中业已形成的健康的道德观念，败坏我们神圣的教育！

以上几位教育者的话也许不具代表性，但类似的认识却不能说没有一定的普遍性。

对于三好生（包括班干部）的确定，不少班主任总习惯于自己说了算。在他们看来，学生懂什么？难道老师看中的人不是好学生吗？不应该受到学生们的拥戴吗？

正因为如此，我们要大声疾呼——请尊重生学生的选举权！

尊重学生的选举权，有利于培养学生的是非判断能力。在选举的时候，学生庄严地举起右手或交上选票之前，他不能不严肃地思考：什么是真正的"三好"？班上哪些同学真正值得我敬佩？……教师为学生提供这样的思维过程，便是给了学生一次自我教育的机会，学生的是非观念、道德观念正是在这一次次实践（比较、辨别、判断）中逐步形成的。

若一切都由教师内定，上述思维过程便不存在了。学生会产生一种依赖思想：反正一切有老师，好与不好当然是老师才有发言权，我们学生总是幼稚的！试想，这样的学生怎么可能建立起高尚而坚定的社会主义道德信念？

尊重学生的选举权，有利于强化学生的集体主义主人翁责任感。集体主义情操的培养应是中学德育的核心。而班级集体主义教育不应仅仅是纯观念的教育，也应该是集体主义行为的训练。班级的一切活动都是学生形成集体主义观念的良好途径。其中，让学生对班级建设发表自己的看法，让学生对同学作出自己的评价，便是使学生切身体验班级主人的责任感。对三好生、班干部的选举，绝不仅仅是让少数学生感到一种荣誉，而是让每一位投票者感到自己对集体的义不容辞的责任，感到作为集体主人翁的神圣与自豪！若剥夺了学生的选举权，则无疑是在无声地告诉学生："玩儿去！班里的事儿与你有什么相干？"这样一来，教育者平时"苦口婆心""语重心长"的集体主义教育便被自己不知不觉地否定了！

尊重学生的选举权，有利于鼓励三好生、班干部们更好地为同学服务、为同学负责。既然三好生、班干部是由全班大多数同学确定，那么，想当三好生、班干部就应该多为同学服务，接受同学监督。这样产生的三好生、班干部，才会真正受同学们拥戴，而当选者也才真正感到自豪。若学生对三好生、班干部的产生毫无影响力，那么班级舆论实际上是在鼓励虚荣心与投机者：反正只要在教师面前表现得乖巧些，就能获得荣誉。这样一来，我们所深恶痛绝的表里不一、两面三刀、投机取巧、双重人格等现象便很容易产生。

有人也许会问："照这样看来，班主任就只有一切听命于学生了？教育者的主导作用又如何体现呢？"

教师的主导作用当然要体现，尊重学生的选举权也绝不是"一切听命于学生"。但主导作用重在"导"——开导、疏导、引导，而非"一手包办"地"领导"。教师对学生的引导主要在平时大量的、各方面的，或理直气壮、或潜移默化的教育，这些教育集中到一点，就是要让学生懂得辨别美丑、善恶、是非的道理，并把这种道理转化为根植于心灵的道德信念。我不否认前面那位班主任所说的他班发生的不正常选举现象出现的可能性，但这恰恰暴露出这位教师平时的教育失误。面对是非颠倒的选举结果，他应做的不是剥夺学生的选举权（这样实际上是把自己的责任统统推给学生），而是设法造就一个良好的班风。在集体舆论健康的班级里，至少大多数学生的道德评价、是非判断与班主任的是一致的。班主任也正因为如此而坦然自若地尊重学生们的选举权。表面上看，教师对学生的选举"放任自流"，而实际上教师已通过平时的教育引导不露痕迹地决定了学生们的正确选择——教育者的理智与艺术正在于此！

至于让学生选了之后，班主任自己统计选票，作内部调整的"妙计"，则属于典型的"虚伪的民主"，这不仅是每一位有良心的教育者所不能接受的，更是我们的社会主义民主教育所不能容忍的！

1992 年 3 月 14 日

整理附记

　　一些教师爱骂领导"专制"，可他一转身面对学生，就俨然成了"暴君"。由此看来，要想推进中国的社会主义民主进程，还得从每一位教师自己做起。民主只能靠民主来推进，每一位教师都应成为民主的启蒙者。

2014 年 6 月 8 日

论考试过程中的教育因素

——兼评"混班交叉"的考试方法

据报载，北京一中尝试无人监考的闭卷考试。这种真正的考试方法改革，实在令人欣喜。这项改革中蕴含着教育学中最根本、最起码然而很久以来恰恰被不少教育者遗忘了的思想：对学生人格的尊重。由此，我联想到现在一些学校实行的另一种"考试改革"——跨班、跨年级的"混班交叉"考试。当这种考试方法作为"改革经验"被津津乐道地"推广"时，它的发明者可能没想到，教育者已失去了一个重要的教育阵地。

苏霍姆林斯基说："学校所做的一切都应该包含深刻的道德意义。"（《给教师的建议》）一般说来，学校的教育可以分为两类：一是有意识、有计划的专门德育（如班会课、团队活动以及其他各类德育活动），另一种是无意识的、渗透在学校工作各个方面、各个环节中的教育因素（如教育环境的影响、教师为人师表的感染、教学过程中的潜在教育等等）。而考试方法与考试过程，在客观上无疑也包含着教育因素，其表现至少有三点。

一是考试应该有利于培养真诚的师生关系。学校的常规考试，一般是每班安排一名监考教师。监考教师的职责当然有监督、防范的一面，但这只是针对可能出现的个别作弊学生而言的；而对大多数学生来说，监考教师的职责则更多地体现为关心、服务的一面。在考试过程中，教师真诚的安慰、亲切的提醒以及耐心解答学生有关非考题内容方面的疑问、应付解决学生在考场上出现的突发性困难等等，这一切无不使学生感受到老师的一片真情，从而对老师产生由衷的敬意。这能强化师生间的深厚感情。而在"混班交叉"考试的过程中，虽然监考教师也有关心、服务的一面，但这种考试方法使监考老师首先意识到的是如临大敌的防范，而在学生的眼中，教师更像个"警察"。在这充满潜在敌意的气氛中，考试方法所产生并强化的是师生间的对立与反感。

二是考试应该使学生感到来自教育者的尊重与信任。离开了尊重与信任，就谈不上任何教育，而且这种对学生的尊重与信任应该真诚、自然地体现在教育教学的一切环节中。在考试过程中，教师的尊重与信任，能使学生产生"我应该值得老师的尊重，我不应该辜负老师的信任"的思想感情，从而强化学生的自尊自爱之心——这既是教育的有利条件，也是教育的良好效果。相反，采用"混班交叉"的考试方法，让学生置身于不被信任的氛围中，学生会产生强烈的逆反心理、自卑情绪，因而作弊的念头也许会更加强烈，作弊的手段可能会更加高明（事实上，实行"混班交叉"考试后，作弊现象仍未杜绝）。更严重的是，通过教育者平时的精心教育，大多数学生已经开始形成的自尊自爱之心，也会在一次次如此充满不信任气氛的考试中被教育者自己无意而无情地摧毁！

三是考试应该成为学生自我教育的机会。真正成功的教育是自我教育，而学校考试应该也可以成为学生自我教育的机会。学生置身考场，面对试卷，也面对自己的心灵，既进行学业考试，也进行道德考试——而后者的监考人正是学生自己。他要同可能出现的"邪念"作斗争，要随时提醒自己、警告自己甚至谴责自己，以保证自己交上一份道德上获满分的试卷。当他圆满地完成这种"双重考试"时，他会由衷地感到一种人格上的道德自豪感："我能够战胜自己！我是一个纯洁的人！"而在"混班交叉"的考试中，这一切都消失了。学生不但只是单纯地在"应考"，而且在道德上也是处于受歧视的位置。学生的潜在意识不再是问心无愧："我不会作弊，我也不应该作弊！"而是胆战心惊："我没条件作弊！我也不敢作弊！"这样一来，学生自我教育的心灵搏斗和完成自我教育后形成的道德体验都被教育者剥夺了！

主张"混班交叉"考试的人往往有两点"理直气壮"的理由：一曰"现在考风不正，学生没那么高的思想水平，当务之急是严肃考纪，思想教育只能慢慢来"；二曰"高考监考更严，我们当然只能从严要求"。其实，这两点都是站不住脚的。首先，至少就大多数学校而言，存心作弊的学生只是少数（甚至是极个别的），为了防范少数学生而无视大多数学生的人格尊严，这是教育上"得不偿失"的"短期行为"。所谓"先严肃考纪，再进行教育"，也是教育上的本末倒置。须知：从某种意义上看，考试方法也是教育方法，而考试过程也是教育过程。其次"高考更严"之说也不成其理由。高考不同于一般的学校考试，它的唯一目的就是选拔人才，是中学生的一次终结性考试；它基本上没有教育的功能。因此，在考试方法、考试管理上简单地将学校常规考试等同于国家的选拔性高考，是一种片面的认识和偏颇的做法。

学生作弊的原因是极其复杂的，仅仅靠"混班交叉"考试之类的"从严要求"也不可能根除作弊现象。虽然作弊人数也许会因此有所减少，但它产生的教育负效应却是十分严重的。因此，笔者呼吁：终止"混班交叉"考试之类的"考试改革"，把考试过程还原成真正科学的教育过程！

1989 年 5 月 6 日

 整理附记

这篇文章是我在与学校领导发生激烈争论后写成的。当时，学校举行半期考试，要求实行"混班交叉"以严防作弊。我当然不同意，于是与分管的副校长发生了争执，并且固执地没把我班的学生打散，而是完整地坐在本班教室里考试。那时年轻，有些气盛。现在想来，即使有不同意见，也没有必要与校领导发生冲突，更不应该固执己见地我行我素（作为一名教师，毕竟还是应该顾全大局）。不过，文章在黑龙江省《教书育人》杂志上发表后，却引起了强烈的反响。今天重读这篇文章，我觉得自己的观点仍是站得住脚的。只是叹惜：在许多学校"混班交叉"的考试形式依然如故。原因是现在学生作弊越来越厉害，手段也越来越高明了——这也是对我们多年"德育效果"的讽刺。但是，我依然认为，作弊者毕竟是少数人甚至个别人，不能为了防范个别人而放弃对大多数孩子的信任。信任本身也是教育。

2014 年 6 月 8 日

"解放班主任！"

当教师累，当班主任更累。许多教师宁愿多上些课，也不肯当班主任，这使不少学校领导头疼。如果我们仔细观察分析目前班主任工作的状况，就会发现，教师们不愿当班主任，并不一定是怕累——对于一个有事业心的人来说，只要有兴趣、有价值，工作再累也不会觉得苦。问题在于，由于学校领导在管理与评价等方面的不甚科学，加之班主任自身工作方法的陈旧落后，造成了目前不少班主任的低效劳动甚至是无效劳动，使班主任们累得冤枉！为了让班主任在思想上、行动上能轻装上阵，切实成为"灵魂工程师"，把整个学校的班主任工作提高到科学的层次，我们郑重提出：

"解放班主任！"

"解放班主任"的途径主要有二：学校领导对班主任的科学使用与科学评价；班主任在思想上、行动上的"自我解放"。

科学使用班主任，就是要科学地划定班主任的权力与责任以及与之相关的工作内容。现在的普遍情况是，班主任工作"严重超载"：既要管学生，又要管家长，还要管科任老师；既要管学生的校内纪律，又要管学生的校外表现，还要管学生的家庭教育；除了班级纪律管理、思想教育，还要具体督促、检查甚至辅导学生的各科学习……真所谓"班主任工作是个筐，什么内容都要往里装！"班主任的责任似乎无限大，因为他什么都要管而且必须管好；同时班主任的权力似乎又无限小，因为无论是谁都可随时给班主任下达任务，班主任是一个忙忙碌碌的办事员。如此穷于应付，疲于奔命，班主任哪有精力去"塑造灵魂"？因此，"解放班主任"的首要条件是科学划定班主任的权力与责任。我们认为，班主任最基本、最主要的任务就是学生思想教育和班级常规管理，他的权力与责任也只在这个范围之内。至于学校工作的其他方面，班主任只是协助而已；若凡是与学生有关的事，都把班主任推到第一线，那么试问：学校非班主任人员的教书育人、管理育人、工作育人、服务育人又从何谈起呢？

科学评价班主任工作，也是"解放班主任"的关键，现在对班主任的片面评价主要表现在三个方面。一是简单而庸俗的"量化"：计划、总结的份数，纪律、卫生的分数，做好人好事的次数，上交学校广播稿、壁报稿的篇数，等等。姑且不论如此"量化"是否真能反映出一位班主任的成绩，单是这种形式便使班主任有做不完的统计、填不完的表格、挣不完的分数，忙于种种检查评比而不得不把科学细致的思想工作置之一边。二是"以智论德"，不管班主任平时做了多么深入扎实的学生思想工作，不管这些工作带来了多么良好的班风，只要毕业考试成绩不理想，尽管其原因是多方面的，但往往一律归咎于班主任。三是提倡并鼓励班主任当"保姆"，越是陪着学生自习，守着学生做操，盯着学生扫地的班主任，得到的评价就越高，而那些培养学生自育自治能力，放手让学生自我管理的班主任，往往被视为"不负责""不深入学生""放大水筷子"……如此评价班主任，班主任的手脚怎么会不被束缚？我们不反对科学量化，但班主任工作的效果并不是都能量化的；学生成绩当然反映了班主任工作的一个重要方面，但毕竟只是一个方面而非全部；班主任事必躬亲的精神固然可敬，但"垂拱而治"的管理方式更为合理科学。因此，只有使班主任工作得到全面、科学、公正的评价，班主任们才可能从沉重的体力负担与心理负荷中解脱出来。

"解放班主任"，不仅仅是学校领导的事。对于每一位班主任来说，更应主动在思想上、行动上"自我解放"。思想上的"自我解放"，就是要勇于更新教育观念；行动上的"自我解放"，就是应善于改革教育方法。

更新教育观念，要求班主任用教育科学理论武装自己的头脑，明确自己的使命是塑造灵魂，而非管制学生；自己的身份是学生思想的引路人，而非学生集体的独裁者。在此基础上，班主任的思想观念应实现三个转变：一是变事务应付为教育科研。班主任随时以科研的态度来对待自己的每一项工作，把自己所带的班级当作自己的教育科研基地。要根据实际情况善于提出科研课题，并紧紧围绕课题去思考与实践，减少各种事务对自己的干扰。这样班主任会觉得每一天的工作都会有新的发现、新的收获，因而同样紧张的工作却变得有兴趣、有意义了。二是变个人权威为集体意志。一些班主任之所以感到太累，原因之一是他们过分注重自己的个人权威，对班上的事什么都不放心，非自己亲自过问不可，然而，由于集体意志并未形成，班主任的努力往往收效不大，这自然使他们感到力不从心、精神疲惫。一个班当然离不开班主任的个人权威，但这个人权威应该通过健康舆论、班级法规转变为集体的意志，使班级由"我（班主任个人）的"变为"我们（学生集体）的"，这样，班级凝聚力才会形成，班主任的工作才容易事半功倍。三是变孤军奋战为师生合作。这是教师个人权威转变为学生集体意志后的必然结果。孤军奋战的苦与累，想必每一位班主任都体会过，但未必每一位班主任都能醒悟，这种"苦与累"是自己的错误观念造成的！既然认为这个班只是班主任个人的，既然不相信学生的自我管理能力，那么，凡事当然就只有靠班主任一人支撑了。其实，班主任应该也完全可以把一个班级的重担让几十个学生来分担。不要老是认为学生自觉性差，能力不强。实际上，学生缘于教师对自己的信任而产生的自觉性是不可忽视的，学生潜在的组织能力、管理能力更是不可低估的。因此，所谓"培养学生的自觉性与能力"，首先就是班主任为学生提供自我教育与管理的机会，而不是"手把手地教"。当每一个学生都以主人的姿态与班主任协力建设班集体时，班主任还会感到累吗？

改革教育方法，目的在于使班主任摆脱繁多杂事的缠绕。这可以从两个方面入手：大胆放手与民主管理。前面已说，班主任的基本任务是学生思想教育与班级常规管理，因此，班主任大可不必面面俱到，越俎代庖。要分清哪些工作是自己义不容辞的事，哪些则仅仅需要自己当参谋、出主意，明确之后，该减则减，该丢则丢。若班主任一人"兼任"文娱委员、体操教练、生活保姆、教导主任……则往往心力交瘁，事倍功半甚至得不偿失。班主任工作一旦减肥消肿，班主任的精力会更集中，其工作目标更明确，工作效率也会明显提高。另外，即使对属于班主任分内之责的班级常规管理及各种事务，班主任也不应该一手包办，而应放手让学生学会自己管理班级，处理班级事务。所谓"民主管理"，绝不仅仅是依靠几个班干部，而是要引导学生制定班级规范，以制度的形式来保证每一位学生都有参与班级管理的权利与义务，同时每一个人（包括班主任）都受到班集体的监督，一句话，变以"人"（班主任）治班为以"法"（班级规范）治班，使学生真正成为集体的主人。诚如是，班主任自然便从繁重的事务性劳动中解放了出来。

"解放班主任"的意义，在于使班主任由体力型的勤杂工成为科研型的教育者。因此，班主任获得"解放"之后，肩上的责任不是更轻了，而是更重了，但同以前不同的是，班主任真正还原为了"人类灵魂工程师"：他可以有充裕的时间找学生谈心，深入学生的心灵，研究学生的思想，把学生的思想教育工作做得更细更好；他可以有充沛的精力结合一个班的教育实践，思考、探索教育改革，进行教育实验；他可以看书学习，进修提高，不断吸取新知识，充实自己；也可以撰写论文甚至著书立说，为中国教育的现代化作出自己的理论贡献……当然，随着班主任的"解放"，学生能力的锻炼与提高，学校其他职能部门工作的强化，也是不言而喻的。由此可见，"解放班主任"不但应该而且势在必行！

1991 年 5 月 15 日

 **整理附记**

　　本文在 1991 年第 5 期《班主任》杂志上加编者按发表后，激起了许多班主任同行的强烈反响。但不少班主任仅仅把"解放班主任"理解为从烦琐的事务性工作中解脱出来，而忽视了我提出"解放班主任"的意义在于让班主任真正还原为学生的"灵魂工程师"。当然，多年后，我对"教师是人类灵魂工程师"的说法产生了怀疑。2000 年 7 月 6 日，我在《中国青年报》上发表文章，对这一说法进行了质疑。不过，"解放班主任"的意义，更多地在于让班主任摆脱烦琐的事务性工作，而真正走进学生的心灵。

2014 年 6 月 8 日

做一个胸襟开阔、心灵自由的班主任

——再谈"解放班主任"

我曾在 1991 年的《班主任》杂志上撰文呼吁"解放班主任"，不少人却对我说"无法解放"，理由是"学校领导不愿'解放'我们"。这实在是对"解放班主任"的一种误解。我所提倡的"解放班主任"并不是针对学校领导的"争自由，求解放"，而是班主任在民主和科学教育思想指导下的"自我解放"。这里的"自我解放"主要体现在两个方面，即改进方法以减轻工作负担和调节心理以缓解精神压力。今天，我着重谈谈后者。

都说当班主任很累很累。在我看来，这个"累"的体现除了工作的繁忙外，更多的在于班主任心灵的沉重，而且"心累"胜于"身累"。比起一般的科任教师，班主任的心理负担要大得多：领导的评价、同事的议论、家长的批评以及学生的意见……往往都会成为班主任心灵的绳索。

因此，正确对待周围的舆论并随时调适自己的心理状态，是每一位班主任精神上"自我解放"的关键。

1. 对待领导的评价要冷静

没有哪一个班主任敢说他一点儿也不在乎领导对自己的评价。但是，过分注重领导对自己以及自己所带班级的评价，却往往会使自己背上沉重的思想包袱：如果得到了领导的表扬，他可能会喜不自胜而在以后的工作中战战兢兢以期"不辜负领导的鼓励"；如果受到了领导的批评，他可能会万分沮丧而长时间笼罩在失败的阴影之中；如果领导的批评是冤枉了他或者他的班级在德育评估中被莫名其妙地扣了几分，他更可能会睡眠不足、食欲不振、血压上升、肝火旺盛……

其实，领导的评价固然是一个班主任工作好坏的标志之一，但绝不是唯一的标志；而且，我们的工作难道仅仅是为了得到领导的青睐吗？显然不是。因此，我们完全可以用另一种心态来面对领导的评价：

领导表扬了自己，说明自己的工作在某一方面达到了学校的要求，但也不过是"某一方面"而已，有啥值得"喜不自胜"的？而且，领导表扬你也就表扬了，你还是一个普通的班主任，你的班级还是一个普通的班级，人家没有也不会把你当成政治局常委来对待；如果你太看重得到的表扬并不断警告自己"要谦虚啊""千万不要翘尾巴啊"，那是你自己太把自己当成一个"人物"了！

领导批评了你，如果确实是自己的错，那没什么，心平气和地接受并尽可能地改正就是了嘛！只要干工作，就会有差错，有了差错挨几句批评是谁都会遇到的，无所谓"丢面子"，因而也大可不必"万分沮丧"。

至于领导确实冤枉了你或者你的班级受到了不公正的评价，我的看法是，"冤枉"也罢，"不公正"也罢，由它去！我们的工作又不是为了领导，而是为了自己的良心——只要问心无愧，便自有公论。

这样一想，保管消肿、化淤、顺气。当然，这里实际上还有一个以善良的心绪对待领导的问题。首先，不要动辄便觉得领导冤枉了自己，而要仔细检查自己是否有了过失却"当局者迷"；其次，即使领导真的批评错了，也不要轻易认定领导是"存心与我过不去"，须知我们不也有批错学生的时候嘛。既然我们希望学生原谅我们的过错，我们为什么不可以原谅领导呢？

有时还会出现这种情况：我们在改进班主任工作的过程中，明明自己是对的，却得不到领导的理解和支持，反而还受到指责与批评。这种情形最容易使一些班主任感到委屈因而垂头丧气。每当此时，我们应该通过理解领导来赢得领导的理解。所谓"理解领导"，就是站在领导的角度纵观全局。这样，我们就会看到：某一项符合本班实际的改革，却不一定符合全校的实际；或者某一举措虽然在理论上无懈可击，可是具体实践的条件却还不太成熟；或者某一做法尽管代表了教育改革的方向，但若猝然"一刀切"地大面积推广，却只会适得其反……所以，我们与领导的"分歧"，未必是"改革与保守"之争，而往往是局部和整体、设想和操作、渐进和突变等方面的暂时错位。这样一想，我们便会以建设性的积极态度听取领导的意见，进而赢得领导对我们责任心的信任和事业心的理解，并允许或者至少是默认我们在服从大局的前提下所进行的有益探索。当我们的改革实验确有成效的时候，领导的支持便是自然而然的了。

对待领导的评价要冷静，力争做到不因领导的表扬而欣喜若狂，也不因领导的批评而气急败坏。古人所提倡的"不以物喜，不以己悲"，的确是大大有助于心理健康的。

2. 对待同事的议论要宽容

"人言"之所以"可畏"，在于它所直接伤害的是人的心灵。但"人言"的存在是不以人的意志为转移的，任何人都不可能不被人背后议论。因此，要想避免心灵伤害，与其徒劳地去制止"人言"的产生，不如为自己铸起一道心灵的防线——宽容。

我们平时所遇到的来自同事的议论，不外乎三种情况：中肯的批评、善良的误解和恶意的中伤。

对于中肯的批评，我们应"闻过则喜"，不应"一蹶即跳"。既然是自己错了，"跳"也没用——那只会显出自己心胸的狭隘。有的人也许会说："既然是中肯的批评，为什么不当面向我提出，而要在我背后议论呢？"我认为，只要人家说得对，就别计较别人是当面提出还是背后议论；如果硬要"计较"，不妨"计较"一下：为什么别人不愿向我当面提出呢？真的这样一"计较"，可能又会"计较"出自己的一些不足——这不又有利于自己进步了吗？

对于善良的误解，也应心平气和地对待。同事之间，在性格特点、处事方式、思维角度乃至教育观念等方面的差异是客观存在的，所以，某些正确的见解与做法暂时不被人接受甚至遭到误解，这是难以避免的。既然人家没有恶意，也就大可不必怨恨人家。明智的做法是，能够解释的尽可能解释，一时解释不清的干脆不解释，自己该怎么干就怎么干；要相信"日久见人心"，更要相信"事实胜于雄辩"——消除误解的最好办法莫过于做出让人信服的成就！

那么，对于恶意的中伤，我们是不是就应该"奋起自卫""迎头痛击"呢？我的体会是，仍然尽可能地宽容。我们不妨分析一下"恶意中伤"所产生的原因：首先，中伤者往往是心理不健康者；其次，你的某一方面也许比他强那么一点点，使他感到"怅然心中烦"，他需要宣泄；另外，中伤者希望你因受到中伤而火冒三丈，看到你不胜委屈地向群众辩诬、向领导申告、向所有"愿意"听你诉说的人诉说的狼狈样儿，他会获得一种心理平衡。由此可见，恶意中伤者是小人。本不是一个档次的人，他根本无法理解你的思想境界，更无法进入你的精神世界，你何必与他一般见识呢？因为"当你与傻子吵架时，旁边的观众往往分不清究竟谁是傻子"（外国谚语）。真正如苏霍姆林斯基所说的"大写的人"，是不可能因小人的流言而失去自己的尊严的。再从另一个角度看，宽容恶意的中伤，并不只是出于蔑视，而且还出于同情。是的，小人也需要同情。你想，你也许在有些方面优于他，比如班级课间操受表扬比他多一次，国庆板报评比比他多两分，卫生红旗比他多三面，更为"要命"的是，在最近的一次单元小测验中，你班上90分及以上的人数又比他班的多四个等等，总之你倒是独占风流，他却一无所"捞"。人家也是人啊，也渴望着体现自己的尊严呀，于是，让他在背后说你几句"他班课间操尽争表现""他班的板报全都是剽窃""他班的卫生红旗还不是靠行贿得来的""他班的单元测验，学生作弊凶得很"……有什么关系呢？他说了以后，既无损于你一根毫毛，又有助于他调节心理平衡，有什么不可以呢？

还应该特别指出的是，同事的议论，绝大多数还是属于中肯的批评和善良的误解，真正恶意的中伤是极个别的。因此，面对不那么中听的议论，我们的确应以宽容之心待之。

3. 对待家长的批评要平和

这里的家长当然是指学生家长。班主任的心理压力很多时候来自学生家长——尤其是得知一些家长直接向学校领导"告状"时，更容易怒火中烧，觉得家长们太不尊重自己了。于是，又是找领导解释"那只是个别家长不实事求是的诬告，而且这个家长的娃儿是标准的'差生'"，又是开家长会"辟谣"并声明："有什么意见直接对我说嘛，怎么动不动就捅到校长那里去呢？"说实话，我以前正是这样一个班主任，我也因此常常气急败坏、恼羞成怒，"悲壮"而又滑稽！现在回想起来，自己当初不只是心胸狭隘、认识片面，关键是自己的"家长观"有问题。

学生家长中当然难免有个别修养极差而又道德低下者，但应该相信，绝大多数家长对班主任是真心尊重并对班主任的工作是持积极合作的态度的。说得"世故"点，人家把自己的娃儿送到你手中，他凭什么要无缘无故地与你过不去呢？家庭中都会有磕磕碰碰，那么如同一个小社会的一个班的所有成员（当然包括学生家长在内）之间自然会有各种矛盾，家长们对班主任有这样那样的看法、意见，更是再正常不过了。怎么办？

根据本人过去的教训，我得出一个结论：以宽宏的胸襟平和地容纳学生家长的各种意见，包括尖锐的批评或者刺耳的"杂音"。当初，我总认为：既然我是一班之主任，那当然就得听我的；家长毕竟不懂教育，如果被家长牵着鼻子走，还要我班主任干什么？于是，每次家长会都是我的"一言堂"，即使有所谓的"家长委员会"，也不过是为了班上的事有人跑腿或者学生春游时找车子方便一点。这样一来，家长当然不敢在我面前"乱说乱动"，而只会对我十分客气甚至毕恭毕敬，但是，校长那里收到的家长对我的"告状信"却多起来了，于是，我的烦恼也就多起来了——有一段时间，我甚至感到"天长地久有尽时，此恨绵绵无绝期"！反过来，如果我们畅通班主任与家长之间的交流渠道，经常主动听取家长对班级工作的批评，并随时吸收其合理因素改进我们的工作，或者即使家长们的意见不尽合理但我们也充分尊重他们发表不同看法的权利，那么，一般说来，家长们是会与班主任真诚配合的，我们工作起来也就心情舒畅多了。

当然，即使这样，有的家长可能仍然爱好"直接与学校领导个别交换意见"，我的看法是，这是人家不容剥夺的民主权利，理应受到尊重与保护；至于他向领导"个别交换"的"意见"是否属于"诬告"，是否会有损班主任的名誉，我们应充分相信领导的洞察力与处事水平。"文革"中，曾一度流行苏联影片《列宁在1918》中的一句"名言"："我们不理睬他！"——"人民委员斯大林"的这句台词用来对付今天某些家长居心叵测的"告状"，倒是十分合适的。

4. 对待学生的意见要豁达

在各种舆论中，对班主任心灵伤害最大的，可能莫过于自己学生"反戈一击"的"背叛"——公开与自己"唱对台戏"，或借学校进行教学调查的时候向校领导"告"班主任的"状"……想想看，自己每天早出晚归忙工作，辛辛苦苦为学生，满腔青春血、一把老骨头，换来的竟然是学生的"不满意"！叫人怎能想得通、睡得着呢？！又叫人怎能忍受这窝囊罪、咽下这不平气呢？！

其实，只要我们意识到学生毕竟是学生，而自己是长他们十几岁乃至几十岁的成年人，便什么都想得通、睡得着，既能忍受窝囊罪，又能咽下不平气了。既然是学生，他们必然不成熟：胸无城府，说话直率，思想偏激，认识片面……他对我们提意见甚至是不太实事求是的意见，一般都不是因为师生"感情危机"，更不会有什么恶意。觉得不满意，就要说出来——这就是学生的幼稚之处，也正是他们的可爱之处。当然，很多时候，学生的意见的确与实际情况多少有些出入，这往往并非他们有意"乱说"，而是因为他们儿童式的思维导致他们"判断失误"。比如：课堂上他答不上来，老师叫他站着想一下，他可能会认为老师是在"体罚"他；老师偶尔有过几秒钟的迟到，学生便可能在下一次教学调查中说老师"经常迟到"（因为在他们看来，老师有一次迟到都是不应该的）；在一次轻松活泼的教学气氛中，教师爱抚地称学生为"小傻瓜"，虽然大多数学生都不会觉得难堪而只会感到亲切，但可能就有个别学生认定"老师是在侮辱我们"……凡此种种，我们能与学生斤斤计较吗？当然也可能会有因常挨老师的批评而借"反映教学情况""报复"班主任的个别学生，但作为思想境界远在学生之上的教育者，是理应不屑计较这些的。也许有人会说："我当然不会计较，但领导却会以此来'计较'我！"对此，用得着一句"套话"，即"相信群众相信党"。"相信群众"就是坚信自己工作的好坏公论；"相信党"就是坚信大多数领导会正确对待学生的意见，并不会仅仅凭学生的只言片语来评价教师。有了这两个"相信"，我们自然就不会背上思想包袱了。

对待学生的意见要豁达，这不仅仅关系到教师的人格修养，更体现出我们民主的教育思想。学生们合理的意见有助于我们的工作，而且班主任主动把自己置于学生的监督、制约之中，这是我们每一位有事业心的教育者理应具备的现代意识。更何况我们培养出来的学生应该是具有独立人格、平等观念、民主素质的主人，这样的人才能适应将来社会主义现代化中国跻身世界强盛民族之林的需要。如果我们的学生连向老师说"不"的勇气都没有，这不但是我们教育的悲哀，更是未来中国的悲哀！

当然，使班主任感到"心累"的因素还有很多，比如教育过程中的种种难题、升学率的压力以及来自社会的过高期望值等等。但是班主任自己能够尽可能解除的心理重负，我认为就是如何对待领导的评价、同事的议论、家长的批评和学生的意见。常说要注重学生良好心理品质的培养，这是完全正确的；可是教师自身心理素质的优化，却还未能引起所有教育者的高度重视。乐观向上，情绪饱满，胸怀坦荡，豁达宽容，正是优良心理品质的体现。唯有在精神上真正站起来的班主任，才能获得彻底的自我解放！法国作家雨果曾用诗一般的语言说："世界上最宽阔的是海洋，比海洋更宽阔的是天空，比天空更宽阔的是人的心灵！"愿我们每一位班主任朋友都拥有宽阔无垠的胸襟与自由舒展的心灵！

1996 年 8 月 13 日

《"解放班主任!"》一文发表后,一些读者给我来信抱怨道:"我们当然想解放自己,但我们的校长是不可能解放我们的!"于是,我写下了这篇文章,再谈"解放班主任"。其实,班主任的解放首先是自我解放,而自我解放首先是心灵的解放。如果没有我在本文结尾所说的"宽阔无垠的胸襟与自由舒展的心灵",班主任是永远不可能得到解放的。

2014 年 6 月 8 日

民主教育:不可抗拒的历史潮流

——兼谈陶行知的民主教育思想

该看到,由于长期以来受传统文化中师道尊严的潜移默化的影响,在相当一部分教师的心目中,民主意识是比较淡漠的。因而在师生关系、学生教育、学科教学、班级管理等方面,有的教师或多或少、有意无意地表现出程度不同的居高临下或唯我独尊,缺乏对学生起码的尊重与信任。

教育是心灵的艺术。如果我们承认教育的对象是活生生的人,那么教育过程便绝不仅仅是一种技巧的施展,而应该充满人情味;教育的每一个环节都应该充满着对人的理解、尊重和感染,应该体现出民主与平等的现代意识。虽然就学科知识、专业能力、认识水平来说,教师远在学生之上,但就人格而言,师生之间是天然平等的。民主的教育态度,首先应表现为教师对学生人格的尊重,并且把自己视为与学生一起在求知道路上探索前进的朋友和同志。

让教育充满民主,这应该是世纪之交中国教育的时代主题。

"民主"这个词源于希腊文,原意是"人民的权利"。作为政治制度的"民主",起源于古代希腊的雅典民主制。这是奴隶占有制的民主制。封建制度的民主制,最早出现于某些中世纪欧洲城市中的封建共和国。资产阶级民主制,虽然可以追溯到英国 1688 年的"光荣革命"建立君主立宪政体,但正式形成资产阶级民主制,并把它作为资产阶级国家政权的组织形式,是在 17—18 世纪资产阶级革命中实现的。这个概念首先指的是一种国家制度,与"专制"

相对，它的基本含义是"人民有参与国事或对国事有自由发表意见的权利"。平常人们一般所说的"民主原则""民主权利""民主作风"等等，都是从"民主"的本义中派生出来的。与"民主"这个概念相联系的是"平等"。所谓"平等"，是指"人们在社会上处于同等的地位，在政治、经济、文化等各方面享有同等的权利"。

在中国历史上，"民主"二字的出现可以追溯到先秦时代。早在3000年前，周公姬旦就运用过"民主"两字了。但是，这个"民主"是"君"的意思，而完全没有古代希腊和近代意义上的"民主"的含义。中国古代开明君主的所谓"民主"思想，更多的是指"民本""重民""体察民情""广开言路"等等，显然不是真正意义上的"民主"，因为人民享有参与国事和自由地发表意见的权利，这并不是由谁来赋予的。至于"平等"，在中国传统主流文化中几乎没有其生存的土壤。

我认为，正视中国古代历史上并没有"民主"与"平等"的文化基因，并不是贬低我们民族的传统文化，而恰恰有助于我们意识到中国现代民主建设的必要性与艰巨性。党的基本路线把实现"高度民主"作为社会主义现代化中国的奋斗目标之一，政治民主要追求，教育民主也要追求。

从教育史的角度看，教育民主与平等的呼唤始于18世纪资产阶级的启蒙运动。启蒙思想家们"民主、自由、平等"的社会理想必然要求教育的民主与平等。他们认为人人都是自由、平等的，人人生而具有不可剥夺的"天赋人权"，因而人人也理应享有平等的教育和自然的、自由的教育。虽然在当时的历史条件下，"教育民主"还仅仅是一种憧憬中的理想，而且不可避免地有着某种阶级局限，但它无疑是人类觉醒与进步的标志之一，而且对推动后来的教育进步产生了不小的积极影响。

这里，我不得不提到卢梭。作为18世纪法国启蒙思想家的卢梭，在 1762 年写下了一部教育哲理小说《爱弥儿——论教育》。在这部五卷本的长篇巨著中，卢梭不仅继续阐发他的社会政治理想，而且尖锐地批判了腐朽的封建教育，提出追求个性解放的资产阶级民主教育思想。他认为教育应顺应人的自然本性，反对成人不顾儿童的特点，按照传统与偏见强制儿童接受违反自然的所谓"教育"。他认为，遵循自然的教育必然是自由的教育，因为在他看来，人的最重要的自然权利就是自由。自然的教育必须保护儿童的天性，使其身心得到自由的发展。卢梭坚决反对压制儿童的个性，束缚儿童的自由。他要求尊重儿童的自由，让儿童有充分自由活动的可能与条件，把儿童培养成自由的人。卢梭在书中反复阐发教育平等的思想。他说："各种等级的人都是一样的"，"各种身份的人都是一样的，……自然的需要人人都是一样的，满足需要的方法人人都是相同的"。卢梭从人道主义出发，要求热爱儿童，尊重儿童，这一点直接影响了后来的许多教育家。

马克思主义的教育学说，揭示了在阶级社会中教育的本质：教育既是永恒的又是历史的范畴，在阶级社会中它具有一定的阶级性。这是教育史上第一次关于教育本质的科学论述。但是教育的阶级性，并不意味着"民主与平等"教育理想的消失；相反，在马克思主义教育学说看来，只有真正的无产阶级教育，才是属于最广大民众的教育。马克思在 1866 年就提出了一个基本的观点：教育是"人类发展的正常条件"和每一个公民的"真正利益"。(《马克思恩格斯论教育》) 他说："儿童和少年的权利应当得到保护，他们没有能力保护自己，因此社会有责任保护他们……只有通过国家政权施行的普遍法律才能办到"。(《马克思恩格斯论教育》) 恩格斯在1866 年更明确地提出："国家出资对一切儿童毫无例外地实行普遍教育，这种教育对任何人都是一样，一直进行到能够作为社会的独立成员的年龄为止。这个措施对我们的穷兄弟来说，只是一件公平的事情，因为每一个人都无可争辩地有权全面发展自己的才能，而且当社会使愚昧成为贫穷的必然结果的时候，他就对人犯下了双重的罪过。"（《马克思恩格斯全集》第二卷）显然，马克思、恩格斯论述的"教育的平等性"包含两层深刻的含义：其一，教育是每个公民都应该拥有的一项平等的权利；其二，这种平等表现为每个人智力和能力的发展的平等。马克思、恩格斯关于"人的自由发展"的学说，体现了真正意义上的教育民主——在著名的《共产党宣言》中，马克思、恩格斯就已用"人的自由发展"来说明共产主义革命的最终目的："在那里，每个人的自由发展是一切人的自由发展的条件。"

20世纪以来，世界范围内进行了许多流派不同的教育改革。其中产生过广泛影响的两次教育改革运动分别是以美国和苏联为代表的。这两次改革运动是20世纪初至三四十年代强调以传授经验知识技能为主的教育改革和从50年代末至今强调发展学生智能为主的教育改革。前者的代表人物包括美国的杜威和苏联的凯洛夫，后者的代表人物是美国的布鲁纳和苏联的赞科夫、苏霍姆林斯基等人。纵观这两次教育改革的总趋势，就是越来越注重教育对人的尊重与信任，注重学生作为教育主体的作用，注重对每一位学生心智的发展，注重每一位学生创造力的培养……一句话，注重教育中"人"的回归。

第二次世界大战以后，随着世界第三次科技革命的兴起以及政治民主化的浪潮，教育平等或者教育民主化已成为当代教育改革不可抗拒的时代潮流。"教育民主化是全世界所有国家和所有与教育有关的人最关心的问题。"（《1977年国际教育会议第35届会议总报告书》）

写到这里，我又油然想起苏联伟大的教育家苏霍姆林斯基。民主与平等，在苏霍姆林斯基的教育思想体系中占有极其重要的位置。他的教育是面向每一位学生的："让每一个孩子都抬起头走路！"（《给教师的建议》）他教育思想的精髓就是把学生真正当作"人"："教育——这首先是人学！"（《把整个心灵献给孩子》）他说："共产主义教育的英明和真正的人道精神就在于：要在每一个人（毫无例外地是每一个人）的身上发现他那独一无二的创造性劳动的源泉，帮助每一个人打开眼界看到自己，使他看见、理解和感觉到自己身上的人类自豪感的火花，从而成为一个精神上坚强的人，成为维护自己尊严的不可战胜的战士。……人的充分的表现，这既是社会的幸福，也是个人的幸福。"（《给教师的建议》）在苏霍姆林斯基看来，所谓"教育"，并不是教师单方面地往学生空荡荡的大脑中灌注"美好的思想道德"，而是尽量设法点燃儿童心灵深处"想做好人"的愿望；甚至他认为儿童心中本身就蕴含有许多美好善良的道德萌芽，而教育者的任务就是扶持，让其茁壮成长。在《关于和谐教育的一些想法》中，他强调："这一点，在我看来，乃是教育的核心，是教育的最宝贵之点：使一个人想成为好人，想竭尽自己心灵的全部力量，在集体的眼里把自己树立起来，显示出自己是一个优秀的、完全合格的公民，诚实的劳动者，勤奋好学的思想家，不断探索的研究者，为自己的人格的尊严而感到自豪的人。"（《给教师的建议》）他鲜明地提出："真正的教育是自我教育。"（《给教师的一百条建议》）他认为："自我教育需要一个重要的、强大的促进因素，这就是个人要有尊严感，尊重自己，有上进心。……只有受教育者尊重自己，才能有自我教育。"（《给教师的一百条建议》）

这里特别值得一提的是，20 世纪 80 年代中期苏联的一批教育革新家所提出的"合作教育学"的观点。他们认为，教育过程中最根本的一点就是要求重新审视并确立师生关系。"我们就是花了多年的努力才获得这种必然导致与学生合作的教育学的。它是在与儿童交往中诞生的，把我们——教师和学生——联合起来的主要之点，就是师生关系的转变。在今天，正是师生关系的问题已经被提到了学校工作的首要地位之一。"(《合作的教育学》)"合作教育学"的要点有：充分尊重和信任学生，从儿童的个性出发实施教育，对学生的学习活动予以积极评价，给学生提供自由选择的可能性，培养学生的创造力，等等。应该说，虽然作为一种教育理论体系，"合作教育学"本身还不够成熟，而且后来随着苏联的解体，这一理论也未能深入地研究和实践下去；但是，"合作教育学"所体现出来的教育民主的精神，却对后来包括中国在内的许多国家的教育改革产生了积极的影响，因为它与整个世界的教育民主化是相吻合的。

世界潮流是如此，中国又如何呢？

前面说过，中国的传统教育思想中是缺乏民主基因的。但是，20世纪初的五四运动给中国教育注入了"民主与科学"的生机。针对几千年封建教育对人的个性的扼杀和心灵的戕害，五四时期一大批知识分子、思想家、文学家把"人的解放"鲜明地写在新文化运动和新教育建设的旗帜上。可以说，从某种意义上看，五四新文化运动也是中华民族的一场教育革新运动，也是一场"人的解放"的运动。蔡元培等1919年提出的新的"教育本义"，便以"养成健全人格，发展共和精神"为宗旨。可以说，五四思想先驱们对教育改革的期待一开始就着眼于人心灵的发展。

今天，许多人在谈论民主教育的时候，往往感叹中国的教育理论缺乏真正意义上的民主思想。其实，在现代中国，有一位被我们有意无意冷落了很久的民主教育的先驱者，他就是被毛泽东誉为"伟大的人民教育家"的陶行知。

是的，如果我们细细梳理陶行知先生为我们留下的丰厚的教育遗产，我们会强烈感受到他在教育实践中所体现出来的鲜明的民主精神。纵观中国教育史，我们甚至可以毫不夸张地说，陶行知是第一个明确提出并系统阐述"民主教育"的教育家。

翻开《陶行知教育文选》(教育科学出版社 1981 年版),我们会发现,陶行知关于民主教育的思想至少体现在以下十个方面。

第一,民主教育的对象是全体人民。"民主的教育是民有民治民享之教育。……说得通俗些:民主教育是人民的教育,人民办的教育,为人民自己的幸福而办的教育。""无论什么阶级,都要有受教育的机会。……民主教育是要力求农工劳苦阶级有机会受教育。……'教育为公'就是机会均等:入学时求学的机会均等,长进的机会均等,离校时复学的机会均等,失学时补习机会均等,而且老百姓有办学管教育的机会。""有人误会以为我们要在这里造就一些人出来升官发财,跨在他人之上。这是不对的。我们的孩子都从老百姓中来,他们还是要回到老百姓中去,以他们所学得东西贡献给老百姓。"

第二,民主教育的目的是造就世界主人。"民主教育是教人做主人,做自己的主人,做国家的主人,做世界的主人。""中华民国是一个公司,四万万五千万人联合起来做老板。男人是男老板,女人是女老板;大人是大老板,小孩是小老板。大家都是中华民国的老板,大家都是中华民国的主人。拿这种浅显而重要的意思由学生一面学,一面教给不能进学校的老百姓,他们就变成了民主的小先生。""今日的学生,就是将来的公民。将来所需要的公民,即今天所应当养成的学生。"

第三,民主教育是培养创造力的教育。"民主的创造,是要使多数人的创造力能够发挥。在专制时代,少数人也能创造,但多数人的创造的天才被埋没,或因穷困忙碌而不能发挥,即使发挥也会受千磨万折,受到极大的阻碍。民主的创造为大多数人创造,承认每一个人都得到创造的机会。这是与专制的创造不同的地方。""培养创造力,以实现创造的民主和民主的创造。"

第四，民主教育是提倡学生自治的教育。"专制国所需要的公民，是要他们有被治的习惯；共和国所需的公民，是要他们有共同自治的能力。中国既号称共和国，当然要有能够共同自治的公民。想有能够共同自治的公民，必须有能够共同自治的学生。""我们可以下一个定义：'学生自治是学生团结起团体来，大家学习自己管理自己的手续'；从学校这方面来说，就是'为学生预备种种机会，使学生能够大家组织起来，养成他们自己管理自己的能力'。""养成服从的人民，必须用专制的方法；养成共和的人民，必须用自治的方法。"

第五，要运用民主的作风教学生。"教育的方法要采用自动的方法，启发的方法，手脑并用的方法，教学做合一的方法，并且要使学生注重全面教育以克服片面教育；注重养成终身好学之习惯以克服短命教育。在现状下，尤须进行六大解放，把学习的基本自由还给学生：一、解放他的头脑，使他能想；二、解放他的双手，使他能干；三、解放他的眼睛，使他能看；四、解放他的嘴，使他能谈；五、解放他的空间，使他能到大自然大社会去取得更丰富的学问；六、解放他的时间，不把他的功课表填满，不逼迫他赶考，不和家长联合起来在功课上夹攻，要给他一些空闲时间消化所学，并且学一点他自己渴望要学的学问，干一点他自己高兴干的事情。……只有校长教师学生工友团结起来共同努力，才能造成一个民主的学校。"

第六，教师应当向学生学习。"教你的学生做先生。你跟学生学，是教学生做你的先生。如果停止在这里，结果怕要弄到师生合作守知奴，于大众毫无关系。你必得进一步教你的学生去教别人。你必须教你的学生把真理公开给大众。你得教你的学生拿着真理的火把指点大众前进。……和学生、大众站在一条战线上。教学不和学生站在一条战线上便不成为教师。……你若把你的生命放在学生的生命里，把你和你的学生的生命放在大众的生命里，这才算尽了教师的天职。"

第七，必须造就民主的教师。"民主的教师，必须具有：（一）虚心；（二）宽容；（三）与学生共甘苦；（四）跟民众学习；（五）跟小孩学习——这听来是很奇怪的，其实先生必须跟小孩子学，他才能了解小孩的需要，和小孩子共甘苦。并不是说完全跟小孩子学，而是说只有跟小孩子学，才能完成做民主教师的资格。否则即是专制教师。"

第八，理解学生的心灵世界。"我们要懂得儿童。""我们应该了解儿童的能力需要。儿童有许多痛苦是由于父兄师长之不了解。不了解则有力无处用，有苦无处说。我们要知道儿童的能力需要，必须走进小孩队伍里去体验而后才能为小孩除苦造福。我们必须重生为小孩，不失其赤子之心，才能为儿童谋福利。""我们必须会变小孩子，才配做小孩子的先生。"

第九，提倡师生平等。"我们希望今后办训育的人要打破侦探的技术，丢开判官的面具。他们应当与学生共生活、共甘苦，做他们的朋友，帮助学生在积极活动上行走。""我们最注重师生接近，人格要互相感化，习惯要互相锻炼。人只晓得先生感化学生锻炼学生，而不知学生彼此感化锻炼和感化锻炼先生力量之大。先生与青年相处，不知不觉的，精神要年轻几岁，这是先生受学生的感化。学生质疑问难，先生学业片刻不能懈怠，是先生受学生的锻炼。""您若变成小孩子，便有惊人的奇迹出现：师生立刻成为朋友，学校立刻成为乐园；您立刻觉得是和小孩子一般儿大，一块儿玩，一处儿做工，谁也不觉得您是先生，您便成了真正的先生。"

第十，尊重儿童人权。"我们应该承认儿童的人权。……我们解除儿童痛苦增进儿童福利，首先要尊重儿童的人权。"

……

恕我孤陋寡闻，在我所涉猎的中外教育理论书籍中，我至今还没有看到有哪一位教育家，对民主教育有如此真诚、精辟而全面的论述。"陶行知"这个名字因此而成为中国教育的骄傲。

20世纪的中国，也因为有了陶行知，便燃起了一把民主教育的思想火炬！

而且，这火炬至今还在燃烧并照耀着我们今天的教育——对照我们现在的许多不民主的教育弊端，我们不是可以感受到陶行知那穿越世纪的深邃目光吗？遥望新世纪的教育曙光，我们不是仿佛听到了陶行知民主教育思想的回声吗？

的确，陶行知的教育探索虽然已经过去了半个世纪，但他博大精深的教育思想至今还有着强大的生命力——正如江泽民同志所高度评价的那样："陶先生著作宏富，论述精当，与当前的社会主义教育学息息相通，堪称中国近代史上的'一代巨人'。"（1986年江泽民在纪念陶行知诞辰95周年大会上的讲话:《中国进步知识分子的典型》）纵观陶行知先生一生的教育思考与实践，我们会惊讶地发现，他真正是素质教育的先行者。所以，李岚清同志曾这样题词道："以陶行知先生为楷模，为办好我国全民素质教育作贡献。"

我还要特别指出的是，陶行知所有的教育思考与实践都是建立在一个非常朴素的理念之上的，这就是追求"真教育"。在读陶行知的书时，我每每被他彻底的唯物主义精神和真正的实事求是的态度感动。陶行知先生一生以"追求真理，贯通真理，为真理而战"激励自己，对一切形式的虚假教育充满了厌恶，因而热切呼唤教育的真挚、真诚、真实。他大声疾呼："为人须为真人，毋为假人。""真教育是心心相印的活动。唯独从心里发出来的，才能达到心的深处。"他教育的目的是："追求真理做真人。""千教万教，教人求真；千学万学，学做真人。"可以说，他的"生活教育""民主教育""教学做合一"等教育思想与实践都是"真教育"这棵根深叶茂的大树上结出的硕果。

中国教育又走到了世纪之交的门槛。我们今天重温陶行知先生的民主教育思想，其意义还不仅仅是用于对传统教育弊端的消极批判，更在于面向未来着眼于中国社会主义现代化教育理论与实践的积极建设。陶行知的民主教育理论不但应该而且完全可以融入我们今天所正在实施的素质教育。他的民主教育思想，实际上已经体现了今天我们所倡导的素质教育的精神。所以，从这个意义上说，现在的素质教育是陶行知民主教育的继续与发展。

最近，党和国家领导人以及许多有识之士都纷纷提出，创造能力的培养应是素质教育的重点。我认为这也是素质教育真正面向未来的标志，因为"创新是一个民族进步的灵魂，是一个国家兴旺发达的不竭动力"，而培养创新能力必然呼唤着民主教育。在今年的全国教育工作会议上，江泽民同志特别指出："中华民族是富有创造精神和创新能力的伟大民族，古代中国人曾以'四大发明'等众多科技创造闻名于世，对世界文明的发展作出过重大贡献。今天，面对世界科技飞速发展的挑战，我们必须把增强民族创新能力提到关系中华民族兴衰存亡的高度来认识。教育在培育民族创新精神和培养创造性人才方面，肩负着特殊的使命。每一个学校，都要爱护和培养学生的好奇心、求知欲，帮助学生自主学习、独立思考，保护学生的探索精神、创新思维，营造崇尚真知、追求真理的氛围，为学生的禀赋和潜能的开发创造一种宽松的环境。……教师与学生之间要相互学习、相互切磋、相互启发、相互激励。"的确，培养创造者的前提是教育必须充满民主。没有民主，便没有创造；没有民主的教育，便没有民族的未来。

民主教育的最终目的是人的解放——人的情感的解放，人的思想的解放，人的创造力的解放……一句话，人的个性的解放！这就是我们今天继承陶行知民主教育思想遗产的意义所在。

"（教育）民主的洪流，浪头已经到来，没有力量可以抵抗它。"（陶行知语）

是的，教育民主的洪流已经涌来，我们没有任何理由抵抗它。愿中国教育改革的有志者们，顺应这不可抗拒的历史潮流，把我们的教育带入 21 世纪，进而把我们可爱的中国引向真正文明、繁荣与强盛的新时代。

1999 年 5 月 15 日

 整理附记

这是我为拙著《走进心灵——民主教育手记》写的序言。民主教育，在今天已经不是"敏感话题"，而成了我们理直气壮的追求。今天，我们无论怎么评价陶行知的教育思想都不为过。民主教育，是陶行知先生一生所追求的"真教育"的一部分，而"真教育"必须培养"真人"。对比今天的中国教育，我们每一个教育者是不是应该感到惭愧呢？

2014 年 6 月 8 日

德育是一种积极的生活方式

一

我曾从《重庆晚报》上看到一张场面壮观的照片——

大操场上，成百上千的人排得整整齐齐，横看竖看斜看都宛如大型体操表演；仔细看，是孩子正给家长洗脚——母亲（或父亲）坐着，脚伸进盆里，孩子蹲着，双手正搓着一双成人的脚。

这是最近几年比较时兴的一种"德育方式"，而且还是"德育创新"。但我很自然地想到几个问题：

第一，组织这次活动的教师在家里是否给父母洗脚？自己没做到的，偏要孩子做到，这是什么"德育"？

第二，就算组织者本人每天都回家给父母洗脚，于是想把这种美德推而广之，然而是不是有了这么一次声势浩大的"洗脚秀"，孩子们从此每天都会给爸爸妈妈洗脚了？

第三，这些爸爸妈妈们大多四十岁上下，身强力壮的人需要孩子给自己洗脚吗？

第四，孩子今天在学校操场上给父母洗脚了，但他回家给自己洗袜子吗？洗内裤吗？他每天早晨起来收拾自己的床铺和房间吗？他每次吃了饭都洗碗吗？在家扫地吗？周末帮着妈妈做饭吗？

如果我们可以把"道德"简单地定义为其实就是人与人之间交往的行为准则或者说规范的话，那么我也可以通俗地把德育定义为其实就是教会学生如何在社会生活中自然而然遵循文明的行为准则。甚至可以干脆简洁地说：德育，就是一种积极的生活方式。

这里有两个关键词："生活"与"自然而然"。而上述关于组织学生给父母洗脚的"德育"，既非"生活"的，也非"自然而然"。因此，在我看来，这样的"德育"是应该摈弃的。

但是，我估计"洗脚秀"的策划组织者是不会这样想问题的，他们只关心他们组织的这次活动是否"抢眼球"，这样的场面通过报纸和电视台展示出来是否有"画面感"，是否有"视觉冲击力"，是否有"轰动效应"，然后，年终进行德育总结评比时，这样的活动是否能够获"德育创新奖"。

类似的简单化、作秀般的"德育创新"还不少。比如，为了让孩子体验妈妈怀孕的不容易，便让小学生在肚子上绑一天或一周的沙袋；为了让孩子体验亲情，便将全校学生集中在操场上，拥抱爸爸妈妈；为了让孩子感恩，同样是在操场上让孩子们一起喊："爸爸妈妈，我爱你！"然后齐刷刷地给爸爸妈妈下跪……

我知道教育必须通过一定的形式，我也不反对适当地开展一些类似演讲比赛、参观访问之类的德育活动。但有效的德育主要不是靠这些。德育应该给孩子呈现一种自然的生活常态，一种举手投足的自然。尽管类似的"洗脚秀"活动之后，孩子们的命题作文中一定会有许多诸如"通过这次活动，我真切感受到了……"之类的语言，但是如此一次性的"感人肺腑"，一次性的"震撼人心"，一次性的"催人泪下"，一次性的"反响强烈"……就真的能够收到持久的实效吗？

我愿意再次强调，德育是一种积极的生活方式。所谓"积极"说的是行为文明规范，符合公民精神；所谓"生活"指的就是我们（不只是学生，还包括教师和学校的其他成员）每时每刻彼此交往的状态。和其他学校一样，我校也有必要的"德育常规"或者说叫"显性德育"，如升旗仪式呀，报告会呀，还有歌咏比赛、征文比赛、演讲比赛、板报比赛等各类活动，但我校的德育更多的是一种情境，一种氛围，一种气息，一种感染……如何让日常生活充满德育因素而又尽可能了无痕迹，这是我校的德育追求。

全面论述并展示我校的德育，显然不是写一篇文章能够完成的。但我愿意讲几个小故事，让读者感受一下作为生活方式的德育应该是怎样的。

二

我担任校长后，在教学楼下面建了一个一百多米长的开放书吧。所谓"开放书吧"就是把许多书都放在开放的书架上，孩子们课余时间都可以随便翻阅，不需任何借阅手续，也没有人看管。因此，每当下课，或者午休和下午放学后，开放书吧里总有不少孩子坐在那里静静地看书。

最初反对的老师不少。他们担心，这些书会不会丢失呢？表面上看，开放书吧是为了方便孩子们课外阅读，但我还有一个更深层次的考虑，就是营造一个自然而然的德育情境。这个"情境"，就是开放书吧里那些书的安全问题。在我看来，这些书无论丢失，还是没有丢失，都是德育的情境，也是德育的资源。

结果刚开始时书真的流失了不少。有的老师急了，要求还是把书放到图书室去"管起来"。我却说："不用，开放书吧继续开放！"我给老师们解释："这些书都流失到什么地方去了呢？不都流失到喜欢这些书的手里去了吗？偷偷把书带回家当然不好，但这也说明这本书对孩子有着何等的吸引力，不然他不会冒着风险偷偷把书带回家的。说不定这本书会让他爱上某门学科，或者崇拜上一个英雄，甚至改变他的人生。把书放在的图书室，当然一本都不会丢，但也可能无人问津，布满灰尘；放在开放书吧，虽然会丢失一些，但每本书都被充分地阅读。想想，哪个更合算？我当然不是说，要放任学生随意私自把书拿回家，不诚信的行为当然要教育，但空洞的教育是不会奏效的。我之所以要保留这个开放书吧，还有一个更重要原因，就是有了这个书吧，我们多了许多教育资源和教育契机。每丢失一本书，都是一次教育机会。而这种教育是真实情境中的自然教育，而非主题班会式的专门教育。我们正应该抓住这样的机会。"

果然，有一次初一一个孩子把书拿回家被发现了。分管校长问怎么处理，我说应该找孩子好好谈谈心，就以他犯的这个错误对他进行关于诚信的教育。同时，他在真正认识到自己的错误之后，一定要写出书面检讨，在全校公开检讨。最后，当孩子的检讨放到我的办公桌上后，我对副校长说出了我的决定："由我在全校读这篇检讨，并隐去学生姓名。这样，既教育了全校学生，又保护了犯错孩子的自尊心。"当我在课间操时，面对全校三千名多学生读这篇检讨时，全校学生都被震撼了。

从那之后，开放书吧的书便基本没有流失了，而且还越来越多了，因为好多学生都从家里拿书来捐给学校的书吧。但我们没有奢望书的安全从此一劳永逸，学生的成长总有反复，但不要紧，我们已经越来越从容，并有信心在真实的情境中对学生进行引导。而如果没有这个开放书吧，我们便失去了这么一个教育情境。

应该指出的是，围绕开放书吧书籍管理对学生进行的教育，当然是有鲜明针对性的显性德育。但这里的德育，依然是一种生活方式的培养。开放书吧的环境，是对每一个孩子的道德考验，孩子战胜自己后的由衷自豪，他犯错后所承担的他人的批评和良心的谴责，以及改正错误之后的重拾自信……这一切都不是教育者专门设计的德育，而是生活中自然而然发生的；或者说，这一切本身就是孩子真实的生活。

三

我校有一个传统，就是每年9月各班都要进行队列素质操比赛。"队列比赛"好理解，而"素质操比赛"可能有读者会不太理解。所谓"素质操"是我校体育老师专门针对我校学生的实际情况而编创的，非常有特色。为了迎接每年的队列素质操比赛，各班都利用课余时间加紧训练，每年9月的校园都呈现出一派"沙场秋点兵"的气势。

可是，三年前，当朱怀元老师接手刚刚进校的初一（4）时，面对队列素质操比赛，他却犯难了，因为班上有一个叫汪宏（化名）的孩子脚有残疾。从训练来看，汪宏无论怎样认真，他的动作都不标准，也无法标准。本来按比赛规则，学生是可以因病或其他特殊原因请假的，但汪宏急于参与集体活动的欲望和他训练的认真劲儿，让朱老师实在不忍心将他排除在集体之外。于是，朱老师决定宁可不拿名次，也要让汪宏参加。

结果是可想而知的，初一（4）班没有拿到任何名次。因为比赛中，汪宏每一个动作都比其他同学们慢一拍，这意味着每一个动作都要被扣分。但没有一个同学埋怨他，相反汪宏同学的精神让所有人都很感动。之后两年——去年初二，今年初三——的队列素质操比赛，汪宏同学都参加训练，参加比赛，朱老师的班从来都全体上场，一个都不少。尽管年年都同样没有拿到名次，但全班同学都很自豪，为自己的集体而自豪。

我是最近一次在食堂吃午饭时，偶然听坐我旁边的朱老师说到这事的。

说到这孩子，朱老师说："他小时候患小儿麻痹留下了后遗症，所以个子也不高，但一直积极向上。平时课间跑步，他跑不起来，但又希望和同学们一起跑，我便我请他在前面跑，想怎么跑就怎么跑，同学们从不嘲笑他。每年的队列素质操比赛，同学们都很理解他。只要全班都参加，展示了我们集体的风貌，没拿到名次也不要紧。对于老师来说，名次重要，还是学生的尊严和权利重要？当然是学生的尊严和权利重要！所带的班取得了名次，当然很光荣。但我不能为了自己的面子，而剥夺学生的尊严。何况，汪宏参与训练和比赛的过程，也是磨砺自己的过程，因为他以后还要面对生活，还要面对许多挫折。我不能剥夺他参与的机会，不能让他的心灵受到伤害。其实，汪宏的行动对其他同学也是一种激励，训练中，我经常对同学们说：同样的动作，你们没出汗，汪宏却出汗了，你们还有什么理由不刻苦训练呢？同学们对汪宏的尊重让汪宏很感动，他尽管是个普通同学，没担任任何班干部，但平时非常乐意为同学们做事，为集体服务，比如经常帮助课代表收作业。"

老师和同学们被汪宏感动着，因而给他以平等的尊重；汪宏被老师同学感动着，因而竭尽全力参与集体活动，为同学们服务。在朱老师的班上，没有关于"尊重"的任何说教，也没有类似的演讲比赛，但因为有了一个汪宏，三年来，"尊重"已经浸透于班集体中，成了他们生活的常态。这不是刻意的德育，但这是最好的德育。

四

几乎所有走进成都市武侯实验中学的人，都会感到我们校园的朴素——除了教学大楼上"让人们因我的存在而感到幸福"的校训外，就再没有任何标语口号。比较醒目的是两幢教学楼之间墙面上遥相呼应的两张巨幅照片，一张是全校老师的笑脸，一张是学生奔腾跳跃的英姿。其他墙上也贴着一些照片，全是普通老师和普通学生的。没有一张领导视察的照片，也没有所谓"杰出校友"照片——尽管建校才十年，但如果要"贴金"，我们也可以罗列出一些"成功人士"的。我的想法是，武侯实验中学的校园，就是要突出普通的老师、普通的学生，让每一个人都觉得自己很重要。当一个学校只是悬挂校长的大幅照片，突出"各级领导关怀"的照片以及所谓"杰出校友"的照片时，学校的每一个人都自然而然觉得自己微不足道。在这样的学校里，企图培养每一个教师和学生"人"的尊严显然是很难的。

我曾在教工大会上说过："从我们学校走出去的学生，以后肯定会有人成为科学家，成为院士，成为各行业的名家大家，到那时我们也可以宣传他们。但是我希望将来在我们的校园里，不但有成为科学家、院士的校友的雕像，也有从我们学校走出去后成为中国第一环卫工人、誉满神州皮鞋美容师的校友的雕像……他们都是我们学校的骄傲！"

在我们学校的集会上，我和老师老师的发言，开头的称呼总是这样："可爱的孩子们，亲爱的老师们，尊敬的各位领导、各位来宾……"而不是首先说"尊敬的各位领导"。学校归根到底是为孩子服务，因此把孩子放在前面是理所当然的。这样的开头，已经成了习惯。

同样，在我们学校，所有教育者——无论是普通老师还是校长、主任等行政干部，都被学生称作"老师"，而不是"某校长""某主任"。我倡导老师对行政干部也称"老师"，而不叫行政职务。如果在正式场合，需要介绍行政干部的职务时，则这样说："这位是我校分管德育的副校长唐剑鸿老师……"或"下面请我校校长李镇西老师发言……"

"平等"在我校不是口号，而是这样一些琐碎的生活细节。

五

说到平等与尊重，我又想到了几年前的一天早晨，我巡视早读时，一个稚嫩的声音从后面传来："李校长，李校长！"我回头一看，是一个小女孩。我俯下身问道："有什么事吗？"

她仰着脸对我说："前天我们进行队列素质操总决赛的时候，您为什么提前走了呢？"

我想了想，嗯，是的，那天学校体育馆举行素质队列操总决赛，我在开幕式上讲了话就离开了现场，因为当时急着去开会。我说："对不起，当时我要去开会。"

小姑娘很体谅地说："哦，没关系！我明白了。"随后她又补了一句："李校长，以后同学们的比赛你一定要看完，不然这是不礼貌的。"

我说："嗯，好的。以后如果我实在有重要的事，我一定给同学们作个说明。谢谢你给我提这个意见。"

真没想到，孩子们那么在乎我是否在乎他们。当时，我讲完话就匆匆离开赛场的时候，心里一点都没有想到在场的孩子会怎么想。平时我总是跟老师们说，要"尊重学生"，可我自己却也有不尊重孩子的时候，而且自己当时浑然不觉。当然，校长总有一些突然通知的会必须去开，但是，我走的时候，为什么不给全场孩子们作个说明并表示歉意呢？这说明在潜意识里，我对孩子的确尊重不够。现在，孩子给我提意见，让我感到歉疚。

其实，我心中还有一个更大的内疚没有跟这个女孩说，因为我不好意思说——那天，我离开体育馆之前，特意走到前来观看这次决赛的教育局陈兵副局长身旁说："陈局长，抱歉，我要去开会，不能陪您了。"陈局长很理解地说："没事，你忙去吧！"我既然能够跟局长打个招呼表示歉意，为什么就没有想到给孩子们作说明并表达歉意呢？

可见，我骨子里面也有着连自己都浑然不觉的等级意识和卑尊观念。

我想到陶行知说过，因为千年封建专制的影响，每一个中国人内心深处都有专制的倾向。当我们在呼唤民主与平等的时候，我们自己对别人很可能恰恰缺乏平等的尊重。陶行知说："民主的时代已经来到。民主是一种新的生活方式，我们对于民主的生活还不习惯。但春天已来，我们必须脱去棉衣，穿上春装。我们必须在民主的新生活中学习民主。"而所谓"民主的新生活"，我的理解就是对人——无论是对总书记还是对普通的小孩子——的尊重。这种尊重往往体现在生活中我们常常会遇到的每一个细节上。

第二天，我在全校大会上对老师们说了这件事。我说："平时我跟大家说了很多关于尊重学生的话，可我在行动上却没有完全做到。这很不应该。希望老师们从我这件事上吸取教训，尊重孩子，从细节做起。"

半个月之后，学校举行一年一度的田径运动会。我在致辞中，预祝运动健儿们赛出风格、赛出水平，结尾时我特别说了几句话："前不久，一位初一的小同学给我提了一个意见，批评我在学校素质队列操总决赛的时候，没看完同学们的比赛就中途离场了。在这里，我除了向这位同学表示感谢之外，还诚恳地向全校同学表示道歉！今天我全天都在学校，一定观看同学们的比赛！请同学们谅解！"

全校同学给我以热烈的掌声。

上一次因为不得不提前离场，我能够跟局长说声"抱歉"，却没想到向全校学生说一句"对不起"，这只能说明我的头脑里有着根深蒂固的不平等意识。中国传统文化只有等级而没有平等。中国正在走向现代化，而我理解的"现代化"首先是人的现代化。这里的人，就是现代公民。因此，教育者的使命就是培养学生的公民意识——其中，最重要的一点，就是平等意识。对教育者来说，培养学生的平等意识，与其靠煞费苦心的"教育"不如靠潜移默化的"感染"，即通过教师本人心灵深处平等意识的自然流露，给学生以"润物细无声"的影响。教师走进课堂，学生起立齐声说"老师好"，教师应该真诚地鞠躬回应"同学们好"；需要帮助的学生被叫到办公室，教师首先请他坐下；师生相逢，教师主动跟学生打招呼，或者面对学生的问好，教师也真诚向学生问好；课余，教师和学生不妨一起嬉戏娱乐……这些都自然而然地体现出师生尊严上的平等。平等只能在平等中培养——今天的教师如何对待学生，明天的学生就会如何去对待他人。

马卡连柯说过："不要以为只有你们同儿童谈话、教训他、命令他的时候，才是进行教育。你们是在生活的每时每刻，甚至你们不在场的时候，也在教育着儿童。你们怎样穿戴，怎么同别人谈话，怎样谈论别人，怎样欢乐或发愁，怎样对待朋友和敌人，怎样笑，怎样读报——这一切对儿童都有着重要意义。"很多时候，教师的行为决定了学生的行为。这是我们意识不到的德育，但这是最真实、最自然而最有效的德育。

六

2006 年 9 月，我来武侯实验中学做校长后，第一次参加升旗仪式时，看到孩子们队列整齐、表情庄严，可老师们却没有队列，东站一个西站一个，有的还在学生队列后面聊天。我没有当场批评，而是拍了几张照片——有精神抖擞的孩子，有随意散漫的老师。

第二天下午有例行的教工大会。我将前一天拍的照片打到投影仪上。第一张照片就把老师们震撼了，穿着校服的孩子们，齐如刀割，昂首挺胸，望着冉冉升起的国旗。再打出第二张照片，老师们哄然大笑——三三两两正随意站着聊天的老师们，与第一张照片中孩子们的队列反差实在太大。第三张照片更具有意味——前面的同学们巍然屹立，宛如雕塑，后面的老师则在聊天说笑，仿佛是农贸市场老友重逢。一张张的照片次第展示出来，慢慢的，老师们不笑了。

我说："老师们想想，难道参加升旗仪式可耻吗？如果不可耻，为什么我们不认真参加呢？如果可耻，为什么我们要让学生去做可耻的事呢？我们给学生进行过多少爱国主义教育啊！说过多少升旗仪式的意义啊！也告诫过学生要认真对待升旗仪式，要站端正，不要说话，要庄严肃穆，等等。可这些跟学生说的话，我们为什么做不到呢？什么叫教育的良知？让学生做到的，教师也要做得到，而且要做得更好。如果说一套做一套，就毫无良知可言！"

会场一片安静。也许老师们都在思考我的话。

我决定"独裁"一次，宣布："从下周升旗仪式开始，除了班主任站在所在班级队列旁边之外，所有老师组成一个方队，站在全校学生的最中间，让我们成为学生的示范！"

果然，从那以后，每次升旗仪式前，老师们都自觉面对升旗台站在操场最中间，两旁是全校学生。每次体育老师整队时，首先对老师们发出口令："全体老师注意了，稍息，立正！向前看齐！"老师们都认真地听从口令，调整队列。然后，体育老师再对全校学生喊道："全体学生都有啊，立正，稍息，立正！两边的同学，向左向右转——向老师们看齐！"全校学生齐刷刷转过身，面向老师，对比老师队列，调整队形。

"向老师们看齐！"气势磅礴而又意味深长的一语双关。

于是，每次升旗仪式，我们老师的队列和孩子们的一样整齐壮观。

但我又发现，仰望国旗升起唱国歌时，有老师没出声。我又"多嘴"了："既然要求学生们唱国歌，我们有的老师为什么不唱呢？希望每一位老师也能面对国旗把国歌唱出来！"于是，当国歌奏响时，老师们的声音交织着孩子们的声音一起在操场上空回荡："起来，不愿做奴隶的人们！……"

近几年，我校的升旗仪式在成都市颇为有名。许多人甚至专门来我校看我们的升旗仪式。有一次升旗仪式刚结束，我突然发现教育局陈兵副局长在操场边站着。我大吃一惊："您怎么来了？也不提前说一声。"他笑了："早就听说你们的升旗仪式搞得好，我就想瞧瞧看，便来了。嗯，果然令人震撼。"

其实，我校升旗仪式"令人震撼"的原因很简单，就是老师们很认真，而全校同学不过是"向老师们看齐"而已。

真正的德育，不是做给别人看的。完全不用刻意"提升"，也不用专门"创新"，更不用一天一个花样地"有无我有，人有我新"。德育，不是为了通过上级验收而"彰显"的所谓"特色"，不是为了扩大学校影响而"打造"的所谓"品牌"，而是为了"人"——教师和学生——本身。把德育作为一种积极的生活方式，就是努力让师生都共同生活在一种充满道德意义的环境中，不知不觉地彼此学习，情不自禁地互相感染。像青草一样朴素，像小花一样美好，像流水一样自然而然，像阳光一样无处不在。所谓"润物无声"，所谓"潜移默化"，所谓"耳濡目染"，所谓"潜滋暗长"……都在其中了。

2013 年 10 月 2 日

整理附记

这是我近期的一篇文章，发表在《人民教育》上后反响不错。细心的读者会感到，和30年前相比，我对德育的认识显然在不断深化。以前我思考德育，往往更多的是想内容、方法、途径、技巧等等。而现在我越来越感到，有效的德育是不露痕迹的，是自然而然的生活。

去年4月，一位美国教授来成都市武侯区给我们讲美国教育。提问时，有位校长请他介绍一下美国中小学的德育，结果这位美国教授的回答让所有中国教育者大吃一惊："美国中小学没有德育！"当时我们还想当然地认为，美国怎么可能没有德育呢？肯定有的，只是他们不叫"德育"而叫"心理咨询"之类而已。半年后，我在美国马里兰大学学习了一个月。在美国期间，我从身边的美国普通民众中感受到一种自然而然的尊重、平等、诚信、善良……这些已经成为他们的生活方式，而无数这样的普通美国人所构成的社会让我真切地感受到什么叫"和谐"。在这样的大环境下，美国的中小学还需要什么德育呢？当然，我这里不是说美国社会就完美无缺，美国也有无耻的政客，也有凶残的歹徒，但绝大多数美国百姓是平和、善良、真诚的，这就构成了美国的"德育"，而且是最好的"德育"。

孤立地进行所谓"德育"，不但苍白，而且无效。所谓"教育"（当然包括"德育"），其实就是培养学生一种良好的生活方式，这种方式伴随其一生。如果每一个人都拥有这样的生活方式，我们的社会便和谐美好了，便不需要"专门的德育"了。

2014年6月11日

第三辑 "素质"漫谈

3

教育是心灵的艺术

——李镇西教育随笔选

素质教育系列谈

什么是真正的素质教育？

"素质教育"已渐渐成为社会的一个热点话题，但究竟什么是素质教育，却未必人人明了。

要了解素质教育，须先从应试教育谈起。应试教育以升学考试为唯一目的，一切教育教学活动均围绕应试开展，是一种片面的淘汰式教育。因此，它主要面向少数"尖子"学生，而其他大多数学生事实上充当了"陪读"的角色，甚至只是"陪坐"。同时，应试教育的内容也偏重于升学考试科目的书本知识，而忽视了学生的德育、体育、美育、劳动技能教育以及多方面的创造能力。与此相对，素质教育以全面培养学生高尚的思想道德情操、丰富的科学文化知识、良好的身体心理素质、较强的实践动手能力和健康的个性为宗旨，面向全体，教育学生学会做人、学会求知、学会劳动、学会健体、学会审美，使学生在德智体等方面得到全面协调的发展。由此看来，应试教育和素质教育反映了两种根本不同而且截然对立的教育思想。

现在几乎人人都在谈素质教育，甚至有的学校明明是大搞应试教育，却仍标榜自己是在搞"素质教育"。按国家教委原副主任柳斌同志的观点，素质教育有三个要义，即"教育面向全体学生""学生全面发展""学生生动活泼地主动发展"，我们可以拿这三点来衡量一个学校是否真正在实施素质教育。如果某学校做到了或基本做到了这三点，不管该校是不是"重点"，都会受到社会的欢迎，因为在这样的学校里，学生会得到全面的培养，得到全面的发展，最终也一定会成才的；相反，如果某学校大办"重点班"（包括打着"教改实验"的幌子），只围绕升学考试的科目开课，常常加班加点地补课……那么，我们可以肯定地说，该校所为是典型的应试教育，哪怕该校的升学率很高，也不值得提倡，因为学生即使考上了大学，也不过是畸形的"人才"。

可见，素质教育有其特定的科学含义，并非可以随便乱贴的时髦"标签"。

1996 年 10 月 25 日

面对考试：素质与应试孰轻孰重？

有人把是否有考试视为素质教育与应试教育的根本分野，误以为素质教育就是不要考试。看来，我们有必要对两种教育的区别与联系作一番考察。

我认为，素质教育和应试教育的本质区别主要表现在四个方面。第一，就教育目的而言，素质教育着眼于学生的个性全面发展以适应未来的社会；而应试教育只追求学生学习分数的提高以应付眼前的升学。第二，就教育对象而言，素质教育尊重学生的个性以及学生在教育过程中的主体地位，提倡民主、平等、和谐的师生关系；而应试教育则强调整齐划一，用分数压抑学生的个性，学生只能被动地接受教师的"塑造"。第三，就教育内容而言，素质教育把培养学生做人放在首位，主张德智体美劳并举，注重学生创造能力的培养，并能根据不同学生的兴趣爱好增设多样化的选修课；而应试教育只重视与升学考试有关的学科教学，反复培养学生的应考技巧，其他教育内容则居于次要地位甚至干脆被取消。第四，就教育评价而言，素质教育把学生综合素质的合格放在首位（升学成绩只是其中的一项指标），坚决反对将升学率与学校或教师的奖惩挂钩；应试教育却只看"一好遮百丑"的升学率，直接把升学成绩作为评定教育质量的唯一标尺。

当然，素质教育与应试教育表面上也存在着某种互相渗透的联系：素质教育中也有考试，应试教育中也有素质。作为教学过程中一个不可缺少的环节，素质教育不可能排除必要的考试，但这种考试是全面而科学的，并且仅仅是教育检测手段之一，绝不是教育的"指挥棒"；应试教育也能提高人的某些素质，但这主要是围绕应试的很不全面的文化素质和某些智力素质（特别是记忆力），而且这些素质的提高又是以限制学生整体素质的提高为代价的。

因此，是素质教育还是应试教育，关键不在有无考试，而在于赋予考试的功能、地位、作用和根本方法是什么。

1996 年 10 月 31 日

人只能靠人来建树！

素质教育的重要前提之一，是必须拥有足够的高素质教师。

对于高素质的教师，不同的人可能会有许多不同的标准；而我认为，高素质的教师应该是"专家""思想家"和"心理学家"。

高素质教师首先应该是某一学科领域的"专家"。他当然必须有出色而且深受学生欢迎的教学艺术，但还不能仅止于此，他还应有教学以外与自己专业相关的一技之长：教数学的，不妨在课余研究一点数学"猜想"；教物理的，最好同时又是一个科技制作的能工巧匠；教政治的，能不时发表一些经济学小论文；教语文的，可能又是一位楚辞研究者……教学艺术和专业特长，使教师对学生产生一种热爱科学、不断进取的潜移默化的感染教育作用，也使教师本人对学生保持着一种源于科学、源于知识的人格魅力。

高素质教师同时又应该是一位"思想家"。成天忙于应付补课、编资料而使自己思想视野愈来愈狭窄、思维触觉越来越麻木的"教书匠"，显然无法担起素质教育的重任。作为"思想家"的教育者，在既踏踏实实地做好每一件具体教育工作的同时，还能不断关心着、思考着社会发展与学校教育的相互影响，甚至当代思想理论界的热门讨论、国际上的风云变幻都能使他想到自己的教育。坚定的政治立场和敏锐的超前意识，会使他科学地把握教育的历史航向，并预见未来社会对今天教育的影响，从而主动进行一些富有创造性的工作。

高素质教师还应是一位"心理学家"。素质教育同时又是"个性教育"，这必然要求教师具备发现、发挥、发展学生独特个性的技巧与艺术。因此，教育者必须拥有良好的心理学修养，善于走进中学生的心灵，敏锐地感受学生的心理变化，与他们心心相印、息息相通——正如赞科夫所说："对于一个有观察力的教师来说，学生的欢乐、兴奋、惊奇、疑惑、恐惧、受窘和其他内心活动的最细微的表现，都逃不过他的眼睛。一个教师如果对这些表现熟视无睹，他就很难成为学生的良师益友。"（《和教师的谈话》）然后在此基础上实施科学的教育。唯有这样，我们才真正无愧于"灵魂工程师"的称号。

是的，高素质的学生呼唤高素质的教师，因为人只能靠人来建树！

1996 年 11 月 4 日

"让每一个孩子抬起头来！"

"让每一个孩子抬起头来！"这句话选自苏联杰出的教育家苏霍姆林斯基的著作《给教师的建议》。苏氏几十年前说出的这句朴素的教育名言，可以为今天我们所说的素质教育中"面向全体"的含义作出形象的注释。

应试教育着眼于选拔，它必然要通过一次又一次的考试淘汰大多数"差生"，以造就极少数"优生"。如此"教育"无疑让大多数学生还在人生的求知阶段便成了心灵自卑、个性萎缩的"精神侏儒"。这实在是有悖于基础教育的全民性、普及性——孔夫子还讲"有教无类"呢！

恰恰是在这一点上，素质教育显示出其民主与公正性。如果说应试教育追求的是高考升学率的话，那么，素质教育追求的则是学生成人的合格率。最大限度地追求受教育对象德智体美劳全面发展的合格率，教育者必然会向所有学生平等地实施教育——那种划分所谓"重点学校""重点班"，使孩子还在"人之初"便被分为三六九等的不正常现象便不会出现；而且教师必然会对每一位学生充满由衷的挚爱、真诚的信任和热切的期待！

"让每一个孩子抬起头来！"，意味着教育者对"困难学生"要倾注更多的爱心、耐心和信心。由于智力状况、学习基础、家庭教养、个性特征等等因素的差异，学生发展很难绝对均衡同步，往往总有部分学生暂时滞后或掉队。这部分学生在应试教育的考场上，只能沦为屡战屡挫的失败者；而在素质教育的舞台上，他们却可以找到能够体现自己个性尊严的角色，从而尽情挥洒其独具魅力的创造色彩，并自由舒展其澄明自然的心灵空间。素质教育培养出来的学生当然不一定都是种种杰出的"××家"，但是无论今后赫赫有名还是默默无闻，他们都将是素质全面、个性鲜明、勇于进取、乐于奉献的大写的"人"！从这个意义上讲，素质教育即"希望教育""个性教育"和"成功教育"，其字典上永远没有"差生"二字！

在素质教育的原野上，每一粒种子都能破土发芽，每一株幼苗都能茁壮成长，每一朵鲜花都能自由开放，每一枚果实都能散发芬芳！

1996 年 11 月 15 日

从"他律"到"自律"

"教育学生学会做人，是素质教育的首要任务。"这里，"学会做人"的含义主要表现在三个方面：第一，要有爱国主义意识；第二，要有公民意识；第三，要有良好的品德和行为习惯、良好的职业道德和社会公德。

应该说，我们以前的教育并非不注重学生的思想品德，但存在着两个弊端：一是思想品德教育的内容过于成人化；二是教育效果更多的是"他律"而不是"自律"。针对第一个弊端，现在国家有关部门已对中小学教育内容作出了符合学生实际的调整与规定；而对于第二个弊端，则需要我们教育者在素质教育的具体实践中予以克服，使我们所传授的良好道德真正内化为学生的高尚人格。

"他律"的特点，是一言一行都受外在因素（如老师、家长、班干部、学校纪律等等）的约束，是一种被迫的"循规蹈矩"。当然，对于正在成长中的学生，这种纪律性"强制"是必须的，但不是我们教育的最终目的。如果我们的学生只是在老师、家长面前才是"乖娃娃"，而背着教育者是另一副面孔，那么这将是我们教育的失败！因此，素质教育培养学生做人，就是要让学生内心深处永远有一束不会熄灭的道德火炬，照亮其漫漫的人生道路，使他们即使独处时，所作所为也能对得起自己的良知。

培养学生的"自律"能力，主要通过引导学生勇于自我教育和善于自我管理来实现。所谓"自我教育"，就是让学生学会自己提醒自己、激励自己、战胜自己——犯了错误能谴责自己，有了进步能肯定自己甚至奖励自己。所谓"自我管理"，就是让学生习惯于自己约束自己、控制自己、善导自己——无论是遵守纪律还是助人为乐，都不是因为怕"受处分"或者是为了"得表扬"，而是因为对"勿以恶小而为之，勿以善小而不为"的深度认同。现在不少学校实行"无监督考试"和让学生轮流担任"班主任"，正是让学生学会"自律"的有益而有效的尝试。

1996 年 11 月 29 日

警惕素质教育变味

应该说，公开反对素质教育的人几乎没有了；相反，现在素质教育已成了一个时髦的口号——就像当年鲁迅所嘲讽的"咸与维新"。但是，仔细观察一下一些人手中挥舞的"素质教育"的旗帜，就会发现有的所谓"素质教育"已经变味。

比如，一贯大搞应试教育因而升学率很高的学校会这样介绍其"素质教育"的"经验"："正因为我们长期以来坚持实施素质教育，所以我们多年来为高一级学校输送了大量高素质生源！"比如，另一所学校长期以来升学率不高，可他们现在会振振有词地说："我们从不片面追求升学率，因为我们搞的是素质教育！"比如，有的教师至今仍然靠加班加点、补课来抓学生的成绩，如果有人批评他违反教育规律，他会理直气壮地说："素质教育的主战场不是在课内吗？学生成绩上不去，算什么素质教育！"比如，有的学校期末总结大谈素质教育的成果：搞社会调查多少人次，参加纪念红军长征胜利 60 周年的征文比赛多少人次，举办歌咏比赛、壁报比赛等多少次，等等。比如，有的学校对前来参观的客人展示该校的"素质教育"成果："我们全校每一位学生都会拉二胡！"

似乎人人都在搞素质教育，但似乎人人搞的都不是真正意义上的素质教育——可见实施素质教育的阻力首先还不是来自明目张胆的反对者，而是来自有意无意曲解的积极"拥护"者。

必须明确——

素质教育理所当然地要求培养各类不同层次的人才以及尽可能高的升学率，但高升学率绝不是素质教育的天然招牌！素质教育主张学生全面发展，教师科学施教，但离开了教学质量，显然就谈不上任何素质教育！不错，素质教育的主战场是在课内，但这恰恰要求教师认真研究教学规律和学生的认知心理，以求不但让学生生动活泼、积极主动地获取知识，而且在掌握知识的过程中更发展创造力。素质教育主张教育内容的丰富多彩和教育形式的生动活泼，但绝不意味着我们的教育只是组织课外活动甚至成了新形势下的开门办学。素质教育的重要内容之一就是引导学生学会审美，因此注重培养学生的艺术特长无疑是应该的，但绝不能搞"一刀切"，更不能把素质教育简化为"特长教育"。

其实，素质教育就是让每一个学生全面而主动发展的教育——真理就是如此朴素。

1996 年 12 月 2 日

整理附记

1996 年 10 月中旬，我应邀出席了中国教育学会在长沙市举行的第十次年会。这次年会的主题是探索素质教育的有关理论问题。会上许多专家的发言使我对素质教育有了更科学、全面的认识。会议结束后我回到成都，《华西都市报》"校园内外"版编辑向我约写一组谈素质教育的稿件。我便写下了以上一组短文，以"系列谈"的形式发表在 1996 年年底的《华西都市报》上。18 年过去了，素质教育已经取得了丰硕的成果。今天的教育，不管还有多少让人不满意的地方，比起之前，我们还是能够看出有所进步的。

2014 年 6 月 8 日

不仅仅是"少布置作业"

——也谈"减轻学生课业负担"

素质教育主张"减轻学生过重课业负担"（以下简称"减负"）。其实，"减负"的口号早已喊了许多年，至今却收效甚微。其原因之一是，在应试教育的框架内，简单地将学生的作业量减少，便很可能"立竿见影"地导致学生成绩的下降。——如此一来，教师和家长怎敢轻言"减负"？

应该首先明确的是，学习是一种智力活动，不能没有一定的"强度"。从这个意义上来讲，学生要搞好学习，一点儿负担都没有是学不好的；问题是这种负担要适度，而且不是"无效劳动"。素质教育所说的"减负"，显然绝不是减少应有的学习任务，而是在充分尊重并发挥学生主体性和主动性的前提下，增加其发展的目标，增加学习的有效含量，从而使学生的综合素质得以全面提高。

因此，从素质教育的观点看，面向全体、全面提高教育质量的"减负"必然同时意味着在某些方面科学地"加重"。

第一，"减负"意味着"加重"学生全面发展的"负担"。

在应试教育中，所谓"五育并举"实事上只剩下了"智育"是"硬任务"：学生在强大的升学压力下，绝大多数时间都不得不陷于"应试训练"的题海之中，无暇顾及其他，"全面发展"当然便成了一句空话；为了全力以赴抓升学率，一些学校不但取消了高考、中考不考的学科教学（如音乐、美术、劳技、健康教育等等），而且所谓"思想品德教育"也不可能真正落到实处。学生的课业负担虽然很"重"，但其他发展的任务却很"轻"——学生的"畸形"发展也就不足为怪了！素质教育通过学科教学改革提高了学生的学习效率，使学生过重的课业负担得以减轻，教师就应该对学生加强德育、体育、美育、心理教育等方面的要求，并开设相关的课程，进行相应的训练，扎扎实实地引导他们"学会做人，学会求知，学会劳动，学会健体，学会审美"。

第二，"减负"意味着"加重"教师备课的"负担"。

有些教师和家长误以为"减负"就是少布置甚至不布置作业，这显然是把"学习负担"简单地与作业画上了等号。研究学生的学习心理，我们会发现，学生的"负担感"并不一定完全是由于作业多或者作业难而造成的身体上的疲惫不堪；更多的时候，他们感到的是一种缘于"低效作业"的心理负担。比如，老师要求学生抄写五个生字，每字十遍。这样的作业显然并不算多，也并不难，但对不少学生来说无疑是负担——因为这样低效甚至无效而又枯燥无味的作业使他们"心累"！相反，如果老师布置的作业紧扣学生的学习实际，符合他们的学习兴趣且充满创造性，那么，即使作业稍多一点，学生也不会觉得是"负担"。这就要求教师在备课的时候，更加精心地设计自己的教学方案：不只是考虑自己怎样"教"，更要考虑学生怎样"学"；不只是考虑应该给学生布置多少作业，更应该考虑给学生布置什么样的作业；不只是考虑作业的"知识过关"功能，更要考虑作业的"能力过关"功能……而这样一来，教师备课的"负担"当然要大大加重，但这是每一位有事业心的教师为科学"减负"所必须进行的教改探索。

第三，"减负"意味着"加重"学生思维训练的"负担"。

前面我谈到了学生作业时"心累"，这与上海市实验中学教改过程中的一项调查结果相吻合：该校在实施素质教育时，对学生的课业负担进行了调查，发现学生的学习状况存在"三重一轻"的情况——心理负担重，记忆负担重，作业负担重，而学习过程中思维力训练的负担太轻！（参见 1996 年 11 月 15 日《文汇报》:《素质教育的真实"神话"》）因此，要从应试技巧的训练转向学习能力的培养，重要的一点就是要变"三重一轻"为"三轻一重"，这是学习领域内实现素质教育的关键。我认为，"加重"学生的思维"负担"，不仅仅是增加作业中的思维强度，更主要的是这两点：一是教师应善于把自己的思路转化为学生的思路，教给学生举一反三、触类旁通的灵活思维方式；二是学生在训练过程中应有创新的机会，让他们在训练中尽量体现自己的主体地位与个性色彩，充分体验并享受智力创造的成功乐趣。这样的"负担"再"重"，学生也会感到一种心灵的愉悦与轻松。

第四，"减负"意味着"加重"学生能力培养的"负担"。

学科教学中的素质教育必然使学生学得主动和轻松，从而有更多的时间和精力多方面地拓展自己的视野，培养自己的能力。这就要求我们教师在提高学生学习效率的同时，加大对学生其他能力——尤其是动手能力和社会活动能力的培养。郑州一中在这方面的做法是颇令人称道的：这所学校坚决摒弃延长学习时间、加重学生负担、大搞题海战术的方法，提出对学生实行"五大解放"——解放学生的时间，让学生有足够的自由支配时间；解放学生的空间，让学生能够走出教室到第二课堂去；解放学生的大脑，鼓励学生独立思考；解放学生的眼睛，引导学生把眼光从学校投向社会；解放学生的手，让学生进行制作、操作、实验。虽然这所学校严格规定不准增加课时，不准增加作业，不准课外补课，但学校不但一直在河南省保持较高的升学率，而且学生的综合素质和整体水平也领先于其他学校（参见 1993 年 10 月 29 日《中国青年报》:《郑州一中育人秘诀》）

由此看来，素质教育所主张的"减负"，实际上是对学生的成材提出了更高的要求，其结果必然是教育质量的大面积提高——这才是我们"减负"的真正目的。

1997 年 1 月 4 日

 **整理附记**

请允许我自夸一句，17 年前这篇谈"减负"的文章，至今没有过时。不过，我现在要补充的是，学生学习负担"重"与"不重"的关键是：这个学习是主动学习还是被动学习？如果是主动学习，学生哪怕熬通宵都不会觉得累；如果是被动学习，学生哪怕只做一道题，都会觉得苦不堪言。

2014 年 6 月 10 日

让每个学生享受成功

人们常常把行为习惯不好、学习成绩欠佳的学生称为"差生"。一般的教师往往认为，"差生"的学习之所以欠佳，是因为其行为习惯不好。这种认识当然不错，但并不全面。根据我多年对"差生"的观察与研究，发现相当一部分"差生"的行为习惯不好，其实是由其学习成绩欠佳造成的——尤其是小学生和初中生。由于家庭文化背景、个体智力状况以及学生性格差异等因素，某些学生在学习上落下一大截：知识欠缺，能力低下，学习成绩总是不及格……试为这些学生设身处地地想一想：面对老师讲授的知识他一窍不通，面对老师布置的作业他束手无策，他能不胡思乱想、调皮捣蛋吗？因为学生首先是人，需要一种精神寄托。既然无法在学习中找到自己的精神乐趣，这些所谓的"差生"必然会通过其他令教育者头疼的不良行为来体现自己的存在。

由此看来，欲转变"差生"，除了进行深入细致的思想教育和科学严格的行为规范外，还应帮助"差生"获得学习上的成功感，并以此树立起一种健康而稳定的精神追求。说到让"差生"获得成功感，不少教师会感到难以企及。的确，在现行的教育体制中，要让所有"差生""达标"（主要是"达"中考和高考之"标"）几乎是不可能的。但是，这并不意味着我们的教育注定要让一部分学生失去成功的欢乐，乃至失去人的尊严！既然孔夫子早就提出"因材施教"，既然苏霍姆林斯基曾多次谆谆告诫教育者"要让每一个孩子抬起头来"，既然我们的社会主义教育——特别是九年义务教育是面向所有学生的，那么，我们就没有任何理由不充满真诚地帮助每一位学生获得求知的乐趣进而享受成功的快感。

这里又自然涉及一个关键的问题:何为"成功"?不同的人,其一生的成功标志不可能一致,对此无须多加论证。我想强调的是,对于不同的学生,衡量其成功的标准也不应是同一尺度。根据苏霍姆林斯基的"个性发展"理论来看,每一个学生都是独一无二的。苏霍姆林斯基认为,教育者的明智,就在于他能从似乎都"差不多"的学生中,发现每一个人特有的兴趣、爱好、特长和志向,大胆地让每一个人的才能得到尽量的发展。苏氏并不以及格率和升学率来衡量自己教育工作的成败,他感到满意的是他的每一个学生都成了全面发展的人、"合格的公民",每一个人都在生活中找到了自身条件许可的、合适的地位:能够成为科学家的成了科学家,能够成为集体庄员的成了有道德、有知识的普通劳动者。(参见《给教师的建议》)这里的"每一个学生"当然包括我们所说的"差生"。如果我们把苏霍姆林斯基这一闪耀着人性光芒的教育思想用于指导我们的日常学科教学,那么,教师就应该千方百计地让每一位学生在各科学习的每一个阶段都学有所乐、学有所得,不断增强学习兴趣和信心,积极主动地获取新知,使所有学生——特别是"差生"平等地分享学习成功的欢乐。

正是基于这样的思考,在我担任班主任的初 95 级(5)班,我和我的同事们尝试着在教学中采用"分层递进教学法"。

先得把这个班的由来及其特殊性作个介绍。1995 年 8 月,我出于研究"困难学生"的兴趣,曾向学校领导提出统一将初 95 级新生中的"困难学生"编一个班,以集中精力"因材施教",探索教育"困难学生"的规律。遗憾的是,学校领导出于种种考虑,未能如我所愿,在组建由我担任班主任的初 95 级(5)班时,学校先按入学分班考试(以选拔"尖子生"进入所谓"实验班")的成绩把全年级 400 多学生中的最后 27 名学生编入我班,然后再以"抓阈"的方式确定了我班的另外 36 名学生。这样一来，一开始就人为地造成了这个班 63 名学生综合素质惊人的悬殊。我们可以设想，如果按传统"一刀切"的教学方式，要想在这个班取得较好的教学成果是极为艰难的。

所谓"分层递进教学"，即将不同学习基础的学生编成不同的教学组，采用鼓励性、激励性的"因材施教"，让每一个学生都能在自己原有的学习基础上有所提高。我们把学生分为四个教学组——"带头组"（学习能力最强，知识基础最好）、"提高组"（学习能力较强，知识基础较强）、"普通组"（学习能力中等、知识基础一般）、"基础组"（学习能力极弱、知识基础极差），语文、数学和外语三科教师在课堂教学、作业要求、测验考试等各个教学步骤中体现出四个层次，以体现出教学鲜明的针对性。每个学生所属的教学组不是固定不变的，随着学习的进步，每个学生都可能按"基础组→普通组→提高组→带头组"递进流动（当然，对个别学生而言，也可能出现与之相反的流动）。

实施"分层递进教学"，教师教学的艰巨性、复杂性大大增强——每上一堂课，须备四套教案，而这四套教案又是在同一节课内"立体"操作完成；布置作业，须在质与量方面提出四种不同的要求；单元测验和半期、期末考试，教师要命制四套难度不等的试题……但是，对学生而言，这种"分层递进教学"极大地调动了他们的学习兴趣，并增强了他们——尤其是"差生"的学习信心，从而激发起所有学生的学习热情；每位学生都有学习上的成功感，这种成功感又激励着他们向新的学习目标迈进。就整个班级而言，"分层递进教学"促进了班级浓厚学习风气的形成，进而推动了整个班风的明显好转——连原来学习最差、最不想学习的学生都开始把兴趣转向了学习，课堂上调皮捣蛋的学生自然就少了。

"分层递进教学"尝试的初步成功启示我们，让每一位学生享受成功，使他们从学习中体验有所发现、有所创造的快乐，这既是教育者教育艺术的体现，更是我们充满人性的教育所应达到的目的之一——因为"正是这种有所发现的欢乐，正是这种靠着自己的努力完成作业的欢乐，乃是人的自尊感的源泉"（苏霍姆林斯基：《给教师的建议》）。

1996 年 5 月 19 日

 整理附记

其实，"让每个学生享受成功"的观点和"分层递进教学"的做法并不新鲜，但是要真正做到却很难，难就难在一些教师和家长的"成功观"不易改变。当时，我之所以能够大胆地进行"分层递进教学"，就是因为：一是家长赞成，二是学校支持，三其他科任教师配合。没有这三点，我当初的一些想法是不可能付诸实践的——比如，我曾让语文基础最差的学生在语文课上抄《烈火金刚》《红岩》等小说。今天整理这篇文章，我想到了当年和一群顽童打交道的日子。前不久，我和这群顽童聚会，他们已经年近而立。有一个学生对我说："李老师，别看我们当年那么调皮，学习成绩也不是很好，但你教会了我们做人。十多年过去了，我们当中没有一个走上邪路的，我们都是善良的劳动者！"

2014 年年 6 月 10 日

素质教育：一个无奈的概念

我注意到北大教授郑也夫最近在《南方周末》上的一篇文章，题为"素质教育：名不正，言不顺，行不通"。郑教授从语义的角度进行了周密的辨析，指出"素质"这个词在众多权威词典中的含义都是"人的先天的解剖生理特点"，它与"天赋""天资""禀赋"是同义词，因此，如果说"天赋教育""天资教育""禀赋教育"，在语义上是不通的，那么，"素质教育"的说法自然是荒谬的。

我完全同意郑也夫先生的观点。不过，既然现在"素质教育"已经通过强大的行政力量"深入人心"，大家都习惯用这个词了，我们也就不必较真其本来的含义。

但是，究竟什么是素质教育呢？

我曾经把这个问题抛到我的博客上让大家讨论，结果网友们纷纷从不同的角度给"素质教育"下定义或谈自己的理解：以人为本，全面发展，发展潜能，因材施教，做人第一，身心两健，提升生命，激发创造，等等。

这些解释当然都是正确的。不过，我想用更简洁的语言解释什么叫"素质教育"，它其实就是——教育！

为什么这么说呢？试想一下，我们现在所说的素质教育的内容，包括上面网友们所罗列的那些要素，不都是教育的题中应有之义吗？哪一条、哪一点不是教育本身的内涵呢？难道教育可以不"以人为本"吗？难道教育可以不"全面发展"吗？难道教育可以不"因材施教"吗？难道教育可以不"激发创造"吗？……教育本身不就是提高人的素质的吗？从孔夫子的"六艺"，到现在的"德智体美劳",不就是素质要求吗?有谁公开给教育改过内涵,说教育要"畸形发展",说教育要"违背人性"呢?

但由于种种原因,我们的教育的确越来越畸形发展,越来越违背人性,越来越远离当初的起点,越来越违背当初的含义……简言之,我们的教育越来越假!于是为了强调教育内涵的丰富多彩,人们便提出了"素质教育"这个概念,意思是教育应该着眼于全面提高人的素质。打个比方,成都火锅很好吃也很有名,于是不少人都来假冒成都火锅,这样一来,"成都火锅"变味了,于是最早、最货真价实的成都火锅店便不得不在招牌上写明"正宗成都火锅"。又比如,糖本来应该是甜的,但居然出现了许多假冒伪劣的糖就是不甜,于是我们去商店买糖的时候,就跟营业员强调,我要买"甜糖"。以此类推,还应该有"酸醋""咸盐"之类的概念。可是,难道有不酸的醋和不咸的盐吗?前几年张艺谋拍摄的《山楂树之恋》公映时,媒体特别突出"纯爱"四个字,还有这样的广告语:"史上最干净的爱情故事"。我当时想,爱本身不就是纯洁和干净的吗?世界上难道还有不纯、不干净的爱情吗?如果不纯、不干净,还能叫爱情吗?这的确是一种悲哀,因为爱情这种崇高的情感已经被玷污了,已经不干净了,所以人们不得不创造出"纯爱""最干净的爱情"这样的概念。

和"素质教育"一词类似的,还有许多"××教育",比如"爱心教育""尊重教育""赏识教育"等等,好像教育可以不讲"爱心"、不讲"尊重"、不讲"赏识"一样——如果这样,还叫"教育"吗?

因此,"素质教育"这个概念不但完全是多余的,而且是荒唐的,但现在不得不出现这个词,这是中国教育的无奈,也是中国教育的悲哀!

我愿意重复一遍我的观点——素质教育就是教育。如果哪一天,中国大地上包括"素质教育"在内的所有的"××教育",都去掉了前面的定语而只剩下"教育"时，中国的教育才算是真正回到朴素的起点，走上了健康的轨道。

2013 年 12 月 27 日

 整理附记

2013 年 12 月 24 日，我在广东佛山的一个论坛上见到了美国著名教师、《第 56 号教室的奇迹》的作者雷夫先生。主持人说，雷夫来中国好多次，却一直不明白"素质教育"这个词是什么意思。主持人希望我用雷夫能够听得懂的话跟他说清楚"什么是素质教育"。于是，我很简洁地跟雷夫老师说："'素质教育'就是教育！"

"'素质教育'就是教育"，这体现了我对这个概念认识的深化。虽然我知道这是一个无奈的概念，但面对当今中国教育的种种弊端，这个概念的提出还是非常有必要的。当然，更重要的不是提出一个概念，而是将其内涵化作每一天的教育行为。

2014 年 6 月 11 日

第四辑　心灵写诗

4

教育是心灵的艺术

——李镇西教育随笔选

应回答学生最关心的问题

——一次调查的启示

近日，我看到《北京青年报》一篇文章引述了某位中学生的一句话："老师讲的，不是我们想的；我们需要回答的，恰恰没有人回答。"说实话，这句话让我想了很久很久。这一发自当代中学生内心的声音告诉我们每位班主任，新时期班主任工作的改革，当务之急是更新教育内容。

究竟中学生有哪些问题需要我们教育者回答？带着这个疑问，我在一些中学生中进行了一次调查。调查结果告诉我，当前我们的班主任工作最急需充实的内容主要在两个方面：一是加强对中学生的心理保健，二是应教给学生正确处理好人际关系的社会生活知识。

正在走向成熟（生理的、心理的、思想的、感情的）而又还没有成熟的中学生，开始把眼光由书本投向现实，试着用自己的所学来衡量、分析社会。可是答案往往令人很失望，于是学生们便产生了一连串的疑问、困惑与苦闷。而这，恰恰不为我们一些班主任所注意。

调查中我发现，学生们的许多思考与苦闷，有的关于生与死——"人为什么要活着？人死后是否就要到阴间？人要是不死该有多好？"有的关于社会——"我感到生活中处处是矛盾。为什么现在我国社会生产发展了，而人与人之间的关系却淡薄了，各种歪风邪气也更猖狂了？这到底是社会的进步，还是倒退？"有的关于同父母的感情——"每次回到家里，就觉得气氛压抑，我真孤独。"有的关于学习——"学习越来越没劲，真不知为什么。可看到别人死钻书本，我又一阵恐慌。烦透了！"……这些问题，学生一般是不会对老师讲的。一个学生对我说："讲的结果只会是被老师看作'心理灰暗''思想不健康'，或者得到几句'要有远大理想''要有革命乐观主义精神''看问题要全面'等套话！"因此我想，深入中学生的心灵，了解他们的心理实际，平等地与他们一起探讨各种疑问，是我们班主任医治学生的心理疾病，加强学生心理保健的重要方法，也是我们义不容辞的责任。

在中学生思考与烦恼的众多问题中，最突出的是如何满意地处理好人际关系。一位女生写道："我们一天天长大、成熟，常常思考的重要问题是如何处理各种纷繁复杂的人际关系。同学之间的相处微妙而复杂，究竟怎么办？想不出结果，真憋死人！"其实，我们的教育从幼儿园、小学起就对学生进行过人际关系教育。高一的政治课讲"共产主义人生观"时，就专门有一章是谈人际关系的，教学生在处理人际时要贯彻"平等的原则、团结的原则、互助的原则"……然而学生很反感这种脱离实际的空洞说教。请听一位学生课后的牢骚："一听老师讲人际关系，我被吸引了。可是往下一听，什么'人是社会关系的总和''人际关系是错综复杂的社会关系'，随即列出一长串种类——废话！什么'阶级关系里人际关系主要表现为阶级关系'——乏味！什么'社会主义的人际关系是新型的'——枯燥！唉，越听越失望，越听越没劲儿！到底该怎样处理好各种人际关系，我们还是一无所知。"学生的言辞固然有些偏激，但这说明政治课讲的处理好"新型关系"的各种"原则"，学生拿到生活中去根本用不上。

引人深思的是，与此同时，美国戴尔·卡耐基的《人性的弱点》等谈人际关系的小册子却在不少学生中悄悄流传。这些通俗、生动和实用的人际关系知识为什么不可以理直气壮地进入我们的课堂呢？前不久，乐山市一名高二女生自杀，原因之一就是因过于纯洁、书生气十足而不能处理好社会上各种复杂的人际关系。可见，教会学生科学地处世、艺术地生活，是何等必要！

回答学生最关心的问题，成为学生最知心的朋友，在心灵交流、感情交融中达到思想教育的目标——这应当成为我们班主任努力追求的教育境界。

1988 年 8 月

 **整理附记**

教育是为了什么？是为了贯彻这个"理论"、落实那个"精神"吗？不，教育就是为了我们每天面对的孩子，为了他们的成长，为了他们心灵的需要。

我想到台湾作家张晓风，她有一次送儿子去学校，当儿子向她告别后，她看着儿子走进校园的背影渐行渐远，感慨万千。回到家里，写下一篇散文，题目是"我交给你们一个孩子"，其中有这么一段话："世界啊，今天清晨，我交给你一个欢欣诚实又颖悟的孩子，多年以后，你将还我一个怎样的青年？"这最后一句发问，敲击着每一个有良知的教育者的心。我们的所有教育行为，不都是为了回答这位母亲的发问吗？

也就是说，我们的教育就是为了千千万万母亲的孩子，就是为了我们每天面对的每一个孩子。这就是我们教育朴素的起点。我们的教育就是从这里出发的。

因此，一个教育者最应该想的是什么？应该是——"我"的学生现在在想什么？

2014 年 6 月 10 日

浅议"早恋"

我班学生已进入初三，我也遇上了往往使教师感到棘手的"早恋"问题，在并不太成功的处理过程中，颇有感触。

1. 不是"早恋"，而是"早念"

教育者首先应对这类现象的出现有科学而清醒的认识。漫不经心、不以为然甚至放任自流固然不对，主观臆测、危言耸听乃至如临大敌更不足取。而一些教育者之所以失策往往是因为后者。

我不必在此过多地引用青春期心理特征的有关资料，我只想提出这样一个看法：就绝大多数学生而言，他们那种"朦朦胧胧的意念、感情"，实在不是"早恋"——"过早恋爱"，而是"早念"——"过早的意念"。我不是在此玩弄文字游戏。真正的恋爱实在脱离绝大多数中学生的实际，而对异性产生一种倾慕、好奇、向往的意念，确实是少男少女们容易不知不觉产生的一种"感觉"。

"的确，我有一种朦朦胧胧的感觉。由于我的成绩不太好，她常帮助我，我很感激她，也很尊敬她，我也说不出有什么样的感情，反正我对她有好感。"（摘自一位男生的来信）请看，这种"感激""尊敬"是连学生自己也说不清楚的感情，却往往被教师"一针见血""明察秋毫"地断定为"早恋"。一旦如此，无论是学生，还是教师，都感到后果是"不堪设想"的了。如果说在教师看来，"悲剧将会发生"，那么，正是教师本人揭开了"悲剧"的序幕。

2. 不要把学生想得太坏

我并不主张"教育万能""感化万能"，对于个别确实思想下流、行为违规的学生，我是力主严肃处理的。但我同时又主张，如果我们真的不得不开除一个学生，那么教育者（教师和家长）都应该反思反思：在这个学生堕落之前，我们对他的无可厚非的"朦胧情"是予以了应有的理解和尊重呢，还是一下子把这个学生想得很坏而在思想上将其归为了"品质不好的学生"？

初中生产生"朦胧情"，就绝大多数人来说，还是出于一种既幼稚又纯洁，既荒唐又美好，既感到羞涩又感到兴奋，既觉得不切实际又觉得庄严崇高的复杂矛盾心理。教师如果对此予以充分的理解和尊重，学生是会乐意接受引导的，甚至会充满信任地向教师吐露心声。相反，教师如果把学生想得很坏，那么，学生会警惕地与教师拉开心理距离。这样，教师的任何"苦口婆心"都是徒劳的。

当然，受习惯思维的影响，不少学生也会因有"朦胧情"而自己把自己想得很坏，这就更需要教师的抚慰了。"李老师，当我知道我有这种想法时，我感到自己是一个卑鄙下流的小人，甚至有一种犯罪感。想压抑自己的情感，可是，我的努力是徒劳的。李老师，只要您肯帮助我，我一定听您的话！"（摘自一位女生的来信）我同这位学生谈了整整两个钟头，主要是肯定她这种感情的纯洁和美好（这似乎有点"大逆不道"，但确实是减轻她负罪感所必需的），然后再告诉她解脱的办法。过了一段时间，我问她："还在想他没有？"她爽快地回答："不想那些了！"如果当初我也认为她"坏"而居高临下地帮助她，说不定她至今还在"负罪感"中挣扎或干脆"堕入情网"。

这里我想引用苏霍姆林斯基的几段精辟论述："尊重、关怀、细心、掌握分寸等原则在这里具有决定性意义。爱的情感的产生，犹如含苞待放的花朵，它是长成芳香的玫瑰还是带刺的飞帘，这有赖于我们教师的爱护和教育。当然可以把它剪断或连根拔掉，但这样做就会严重伤害一颗敏感的心，一株新花的幼茎就会长成畸形。""对学生的精神生活和他们的隐秘角落采取粗暴的态度，最容易从男女青年的相互关系中驱逐出一切高尚的，有道德的，明快的审美情感，并把爱情的生理本能的一面推到首位，激起不健康的好奇心，使男女同学更加疏远，对交往产生一种难忍的恐惧症。""对待青年男女的爱情持轻蔑乃至嘲讽的态度，恰恰说明教师的教养水平低。"（均摘自《爱情的教育》）

3.善于掌握引导的主动权

当教师忙于找"早恋"者谈话时，他已经扮演了消防队员的角色。当然，为了防止学生的感情泛滥而造成严重的后果，"灭火"措施是应该而且必须有的。但是，教育的机智在于善于掌握主动权，随时走在学生思想发展、心理发育的前面。而要防止学生的"朦胧情"发展成真正的"早恋"，那么就必须在学生还太不懂这些、不可能产生这种感情的时候开始做工作。

学生刚进入初三，我分别对男同学、女同学进行了一次题为"珍惜青春、珍重人生"的集体谈心，主要有三个内容：我们的心灵深处可能会发生什么变化？怎样认识这些变化？我们该怎么办？我跟学生谈心时的第一句话是："从你们进初一起，我就盼望着今天这次谈话。"

的确如此，我刚接这个班时，就有意识地做了大量有助于引导学生安全度过青春期的工作。首先，设法通过各种活动创造一个精神生活充实、健康的班集体，提倡并鼓励男女同学之间的正常交往，如互相串门、一起旅游、书信来往、结伴回家等等。其次，平时在学生面前对男女方面的问题不回避，正面解释，消除神秘感。再次，通过各种方式教会学生爱他人，尊重他人，培养学生丰富而高尚的情感。我曾就以下话题跟学生进行过谈话："怎样的男子汉最有风度？""什么是真正的'东方女性美'？""伟人在青少年时代是怎样立志的？"……

我不同意这种观点："早恋"的原因主要是精神上的孤独。实际上，在精神充实的集体中，"朦胧情"往往更容易产生。"一个集体的生活越是丰富多彩，这类问题就越多。"（苏霍姆林斯基语）但是，教师如果掌握了主动权，"朦胧情"就不会发展成"早恋"，而会升华为对自己、对他人、对集体的美好情感。

明白了这一点，就不难理解苏霍姆林斯基关于"需要在他们刚懂得爱情的时候就教育他们怎样去爱"的观点了，更不难理解苏霍姆林斯基为什么要在他女儿14岁生日那天专门给她写一封谈谈"什么是爱情"的信了。

1986 年 12 月 20 日

 整理附记

如果说，在文学中"爱情是永恒的主题"的话，那么，在教育中如何对待学生的"朦胧情"，是教育者所面临的永恒的课题。正是从写这篇短文开始，我踏上了结合自己的工作实践进行学生青春期心理教育的路子。我的探索并不是书斋式的研究，而是在与我班学生以及全国各地中学生的通信中，感受中学生的心灵，摸索引导青春期心理健康发展的规律。

到了 1994 年，这些往来书信被结集成《青春期悄悄话——致中学生的100封信》一书正式出版。近些年，我对这个问题有了一点新的认识，即对少男少女的青春期心理教育起首要作用的还是其父母，父母开明的教育以及一个良好的家庭氛围，是子女青春期心理健康发展所必不可少的条件。换句话说，良好的"关系"就是最好的教育。这一点，现在还没有引起一些家长应有的重视。

2014 年 6 月 10 日

真正的教育是学生的自我教育

培养学生的自育能力

学生自我教育的重要性已日益引起教师的重视，但这不意味着班主任可以放任自流。恰恰相反，强调学生的自我教育，这对班主任的要求更高了，要求班主任必须研究、采用一些科学的办法，教育学生自我教育，让被教育者不仅仅在学生时代而且终身都具备自我教育的能力。

培养学生的自育能力，首先是教育学生能正确认识自己、评价自己，这是自我教育的起点。所谓"自我认识"，主要还不是指学生看到自己的缺点、弱点，而是让学生在集体活动中认识到自己在思想、品质、智能、才干等方面表现出来的突出的甚至是独一无二的优势。做到了这一点，他会自然而然地激发一种人的尊严感、自豪感，从而产生一种内在的乐观情感和进取精神。

培养学生的自育能力，还要引导学生乐于并善于自己控制自己，自己战胜自己。要让学生懂得，自己所做的一切，首先是面对自己的心灵，自己是自己行为的审判官。对自己的约束力量，不仅仅来自纪律，更主要的是来自自己的意志、义务和良心；如果做错了一件事情，首先想到是的对不起自己，要让学生养成"日三省吾身"，随时批评自己、鼓励自己的习惯。

培养学生的自育能力，还表现在增强学生的独立工作能力和组织能力，让学生自己管理自己。应当指出，学生自治自理能力的培养，绝不应仅仅限于少数学生干部，而应向全体学生；自治自理的内容，也不仅仅是班干部工作，而应包括班集体的一切活动。学生通过具体的工作锻炼，不仅可以培养多种能力，还可以发现自己某些潜在的特长，并体会到劳动、创造的乐趣，更主要的是，能够培养起对他人、对集体的一种义不容辞的责任感。

培养学生的自育能力，还必须造就一个良好的班集体。纯正的班风，健康的集体舆论，对每一个学生都是一种强大的约束力量。让学生集体中的一部分学生去影响、感化另一部分学生，让每一个学生能够出于对班集体的由衷热爱而自觉地严于律己——这正体现了学生集体的自我教育。

学生的自育能力一旦形成，使学生不仅在校学习期间受益匪浅，将来步入社会，也能抗御不良社会风气的侵袭，自我净化，成为一个有利于社会的合格人才。

1986 年 4 月 5 日

让每个学生都成为班级管理者
——谈学生干部的培养

培养学生干部，班主任首先应具备崭新而科学的"学生干部观"。优秀的学生干部无疑是班主任的得力助手，但又不仅仅是助手。他们既在工作上给班主任以有力的配合，又作为全体学生代表对班主任的工作进行有效的监督。同时，我们培养学生干部的目的，也不只是为了自己图个轻松，而是为未来培养组织者、管理者的幼苗。

有了这些基本的指导思想，在培养学生干部的具体实施方面，笔者有以下建议。

1.学生干部的培养应面向全体学生

如果我们把学生干部的培养提到育人的高度来认识，我们就不会仅仅着眼于少数学生。从教育心理学的角度看，每个学生都希望自己受到信任，渴望自己的长处得到展示，这种正常心理，理应被教师尊重。至于怎样让每个学生都能当干部，不少班主任有许多有效的具体做法，如"轮流班委制""值周班长制""常务班委和执行班委制"等等。也有教师担心"轮流执政"会削弱班干部队伍的稳定性，使班级缺乏学生核心，从而影响班级建设。为防止这种情况，班干部的配备组成，可采用相对固定与短期轮换相结合的办法。比如，班长任期可长达一年，一般班委任期一学期或半学期，小组长任期一个月或半学期等等。另外，平时一般班委的变动，也不宜"一锅端"地全部换，而应部分调整，逐步轮换。

2.学生干部的培养关键是思想观念的培养

（1）服务意识。学生干部也应"新官上任三把火"。不过，这里的"火"既不是"开场戏"，更不是"下马威"，而是"冬天里的一把火"——对同学真诚周到的关心。我经常这样对新任学生干部讲："你们上任后一个月之内，只做一点：尽可能细心地在各方面关心帮助同学。要谈化'干部'意识，要强化'仆人'意识。让同学们觉得你们是最值得尊敬与依赖的人。这样，你们的威信便开始形成，并为以后工作的开展奠定深厚的感情基础。"当然，服务同学，绝不是"收买人心"的权宜之计。我们要让学生干部在工作实践中逐步明白：自己为同学所做的一切，都不是额外的"学雷锋，做好事"，而是自己的分内之事，应尽之责。

（2）主人意识。既是同学的仆人，又是班级的主人，二者是统一的。所谓"主人意识"，有三层意思：一是工作中要有主动性和独立性，不要老是认为自己是老师的助手而消极依赖、被动待命；二是当老师的工作出现疏漏时，应勇于向老师提出，并协助纠正；三是要敢于作为同学的代表维护同学们的正当利益。作为班级主人的班干部，他们与同学的关系应是既大胆管理，又接受监督；他们与班主任的关系应是既密切配合，又互相督促。

（3）创造意识。班干部工作确实很辛苦，但如果这些工作同时又是一种创造，那么，辛苦的同时也有快乐，因为创造性的劳动会使人越来越聪明。大到班级管理方式的选择，小到每一项具体活动的设计，都应让学生尽量体现出自己的智慧，使他们随时产生创造的喜悦。

（4）效率意识。教育并教会学生干部注重工作效率，不仅仅是为了帮学生节约时间，以不影响他们的学习，更是为了培养学生的一种现代观念。指导学生科学安排时间，合理制订计划，学会"一心多用"，善于简洁发言等，都可逐步提高学生干部的工作、学习效率。我开班干部会，总是和学生干部一起站着开，这么小的一件事，就增强了学生的紧迫感与时间观念。

3. 学生干部的培养更多的是为他们提供机会

上述思想观念的培养，绝不是靠空洞的说教，而是让学生"在游泳中学会游泳"。教师指导当然是需要的，适当培训也未尝不可。但最重要的是，教师要大胆放手，为小干部们提供大量独当一面、大显身手的机会。即使学生在工作中遭遇挫折，这也是对他们必要的锻炼。何况学生的潜能是不可低估的，几个小学生都可以组织一场精彩的足球赛。学生的个性与潜能一旦发挥、释放出来，其工作热情与创造精神往往会使教师惊叹。

4.学生干部的培养离不开学生集体的健康舆论

一般教师往往认为，好的班级有赖于一支好的学生干部队伍。这话只对了一半。还应该说，有几流的班集体，就有几流的班干部。因为班级舆论是否健康，非干部学生对学生干部的评价是否公正，直接影响学生干部的工作热情与工作质量。造就良好的集体舆论，班主任可做这些工作：第一，学生干部的产生，必须经过真正的民主选举，即使学生自荐，也应投票通过。这样才能使学生们感到班干部是"我自己的选择"而非教师的强加，从而有积极配合的思想感情基础。第二，定期让学生对班干部进行评议或投信任票，既使学生干部随时感受到同学的鼓励与监督，又以此引导学生公正无私地评价班干部。第三，期末发动全班同学向班干部写致敬信，感谢他们的辛勤劳动，还可评选"最佳班级活动""最佳学生干部"等等。第四，对少数工作不佳的学生干部，一方面要进行个别的帮助与指导，另一方面要引导学生们发现其工作中某些可取之处，然后在班上大力表扬，以鼓起这些学生干部的热情与信心，使他们的工作能力在原有的基础上能有所提高。

1986 年 4 月 10 日

开展小组竞争　增强班级活力

小组是班级学生群体的基本单位。小组建设得好，整个班集体自然会呈现出良好的班风，这应该是一个显而易见的道理。然而，虽然以前我在班上一直都设了小组，但其作用并未显现出来或发挥得不明显，究其原因有四。

一是教师本人思想上重视不够，总以为小组这种传统形式在新时期德育工作中已难以发挥出更多的教育效益。

二是分组不科学，以前班上的小组多是以学习成绩好坏来搭配或以方位座次来组合，而且班内各种小组太多（卫生小组、学习小组、体育锻炼小组等），这在客观上也阻碍了小组积极作用的发挥。

三是小组之间缺乏积极的竞争，每个小组很少把自己放在全班的位置中进行建设，久而见之，小组缺乏生气，便成了一种形式而已，最多不过是一个清洁卫生单位或作业收交单位。

四是虽然每期都在搞先进小组评比，但由于评比缺乏客观标准，大多是凭印象评比，因此评比也流于形式，使小组建设缺乏内在的动力。

针对这些问题，为了有效地发挥小组建设在班级教育管理中的积极作用，最近我在班内小组建设方面进行了一些尝试性改进与探索，以试图赋予"小组"这种传统的班级管理形式以时代精神与新的生命力。这种改进与探索的核心便是引进竞争机制，开展小组之间的各种竞赛，以推动班级建设的蓬勃发展。

具体做法如下。

其一，分组合理。小组类型太多等于没有小组。为了便于竞争，我在班上只设一种综合小组，这种小组一旦建立，便"永久"不变，而且既是学习小组，也是卫生小组，又是体育小组，还是文娱小组……之所以将小组固定不变，是为了让小组在不断的竞争中增强凝聚力，并看到自己的发展情况。由于是综合小组，因此在编配人员时，尽量考虑各种"人才"的和谐调配，使竞赛的客观条件尽可能统一。小组内同学的座位也一直不变地紧挨着，如遇调换方位，也是全组一起换，这样便于小组的课堂学习交流与讨论。

其二，竞赛全面。竞赛内容尽可能包括纪律要求的各方面和班级、学校的各种活动。大致有这些方面：课堂纪律；学习成绩；劳动卫生；体育比赛；文娱演出；出勤情况；作业收交；为班出力；行为规范；寝室纪律……

其三，规则统一。开学初，便由班委、小组长开会，拟定小组竞赛的规则。规则大致有这样几点：一是比赛采用积分制，各小组的基础分为100分，然后在此基础上加或减。如每小组迟到一人次，扣1分；代表班集体出去参加篮球比赛每人加2分等等。二是比赛规则不追求表面上的绝对"公正"，而要体现出对后进小组进步的鼓励。如每次单元测验完后评比时，小组总分第一、二、三名的分别在小组分上加3、2、1分。但同时又排"成绩进步名次"，前一、二、三名的分别加5、3、2分。三是这个比赛只是"行为"比赛，而不是"观念"比赛，即仅就学生"做了什么"而展开评比，而不是抽象地评"思想觉悟"。

其四，严格监督。规则一旦制定，便由班干部和各小组长严格监督，具体由班长记录各小组的积分情况，各小组长也有一本"账簿"，以便查对。积分一月公布一次，使每组都明白本组在全班的名次。

其五，客观评比。竞赛情况做成图表贴在教室里，同时，班长和各小组长每人手里都有一个底表，这样到了期末评选优秀小组时，根本不用再人为地凭印象"评比"，只消看竞赛表上的积分，优秀小组便自然产生了。

一期的小组竞赛活动，使我有以下感受。

首先，竞赛活动确实使小组产生了内在的凝聚力。组员们不但空前团结，而且为了使本组在竞赛中取胜，纷纷自行制定了"组规"，以保证互相监督，真正强化了每个学生的"小组意识"。

其次，小组凝聚力的产生自然带来了班级风气的好转。比如，以前有的同学不太爱学习，现在为了小组荣誉，不但同组同学会督促他，而且他本人也情不自禁地勤奋起来。小组内部、组际之间交流学习蔚然成风。再如，以前教室后墙上的板报一直办得不太好，现在分到小组身上，而且纳入评分，每个小组都非常认真，可以说是一期比一期好。

再次，竞赛评比使一些不好督促检查的要求也得以落实。如《中学生日常行为规范》，以前说过多少次，但总不好检查。现在将此纳入评分，一些最细小的要求（如"坐、走姿势端正""衣着整洁"等等）学生也不敢不做到，因为一旦老师、同学发现违反，便要扣小组的分。又如教室里随便扔纸屑，以前也是"老大难"问题，而现在根本不用我操心，每天中午自会有卫生小组检查扣分。这样一来，卫生状况的保持大大优于过去。

最后，还想谈谈两点认识。

第一，组织小组竞争，只是班级管理的一个手段，是班主任工作的一部分，它不可能一劳永逸地取代其他工作。因此，过分夸大其作用也是不合适的，我们在抓小组建设的同时，也应抓好其他教育管理工作。

第二，我想谈谈对"德育量化"的不同看法。我认为，德育是一项复杂微妙的精神创造，其效果既是长期的，潜移默化的，又是综合性的（即既有观念的——思想、情操、修养、习惯、情趣，又有行为的——各方面的表现）。而且同教学相比，教育具有"非实验性"，因为不好控制各种干扰因素。因此，从这个意义上说，"德育量化"的提法虽然新颖，却不科学，被"量化"的只是"表现"，而非德育的全部效果。小组竞赛也好，操行评分也好，都只是如前所说的"行为"比赛，它可能（仅仅是可能）是德育效果的一部分，可以是德育效果的参考，但绝非"量化"后的德育，因为德育无法真正量化。如果我们片面追求"德育量化"，势必使我们已经开始的德育改革回到过去政治思想工作的形式主义老路上去。

1986 年 5 月 9 日

 **整理附记**

　　以上三篇文章写于同一时期。现在看来，文章的观点是比较稚嫩的，但却是我当年最真诚的思考，其中蕴含着后来我反复强调的一个思想的萌芽：真正的教育（包括班级管理）是学生的自我教育。但很遗憾，今天在许多学校，我们的教育依然是包办较多，总是不放心孩子们自己教育和管理自己。什么时候孩子们能够自己教育和管理自己了，我们的教育才谈得上是真正成功的教育。

2014 年 6 月 10 日

正直 团结 勤奋 创造

——关于"未来班"的实验报告

从 1982 年 2 月至 1987 年 7 月，我在自己任班主任的两届初中班里，运用"未来班"这种班级教育形式，在中学德育内容和方法上进行了一些探索与尝试，并取得了一些成果。几年来，"未来班"这种富有特色的班级教育形式日益引起一些班主任朋友的兴趣与关注。1984 年起，《中国青年报》《少年文史报》《语文报》和《乐山报》曾多次报道"未来班"的事迹。在党中央提出加强中小学德育工作的今天，为了更好地总结、交流班主任工作，我把创建"未来班"的一些具体实践汇报如下。

1. "未来班"的创建经过

（1）确定目标。"集体主义教育的实践，首先在于激励学生自由地、自觉地实现集体的目标。"（苏霍姆林斯基语）1982 年 2 月我大学毕业分配到乐山一中，接任当时初一（1）班的班主任，为了对学生进行集体主义教育，使全班形成凝聚力，使班里的每个学生都能感受到来自集体的约束力量，我启发学生们为自己所热爱的班集体提出一个奋斗目标。经过反复讨论，大家一致认为我们班应成为既洋溢着集体主义温暖，又充满进取、创新精神的富有鲜明个性的班集体。学生们还提出了基本实现这一目标所需要的时间——两年，同时又决定为这一崭新集体取了一个响亮的名字，并设计了一系列班级标志。

（2）设计标志。我把确定班名、提出班训、创作班歌、构思班徽、绘制班旗的过程，看作对学生进行集体主义教育和创造精神培养相统一的过程。人人动脑，个个动手，并通过"班名、班训讨论会""班徽、班旗图案展评""班歌歌词朗诵会""最佳班级标志评选"等主题班会充分调动每个人关心集体的热情和创造精神。在这个基础上确定班名为"未来班"，同时还确定了班训、班歌、班徽和班旗。

（3）追求进步。"未来班"应该名副其实，因此，学生们在确定了目标、设计了标志后，便把成立"未来班"作为奋斗的方向，大家还明确了一些具体的成立条件。由于目标明确，因此一时间班内风貌明显优于过去，大家在各方面自觉严格要求自己，好人好事不断涌现。整个集体朝着自己的目标不断迈进。

（4）成立大会。到了初三，"未来班"成立的条件基本具备，于是在1984年1月1日这一天我们举行了隆重的"未来班"成立大会。在热烈喜庆的气氛中，唱起了班歌，宣读家长的贺信，老师致辞，同学们互相祝贺勉励，大会还通过了将收到的一笔家长贺款捐赠给北京圆明园修复工程处的决定。最后，同学们表演了自编自导的三幕话剧《相会在未来》。

（5）激励奋进。"未来班"的成立对整个集体是一次极大的嘉奖；但班集体还存在着许多不足，离党和人民对中学生的要求还有距离，所以，"未来班"的称号对全班同学又是一种有力的鞭策。"珍惜'未来班'的荣誉，无愧'未来班'的称号"，这成了每个学生发自内心的自我警诫。毕业前夕，在我的指导下，由学生们自己撰文、自己刻写、自己油印、自己装帧的厚达两百多页的毕业纪念册《未来》，便是三年"未来班"事迹和精神的结晶。

第一届"未来班"毕业以后，我在总结经验的基础上，又开始在87届（1）班建设第二届"未来班"。

2. "未来班"的标志简介

（1）班名："未来班"。

这是在"方志敏班""海迪班""希望班""奋飞班""雄鹰班"等几十个班名中，同学们经过反复比较讨论后选定的。最初这个班名的基本含义是：我们是祖国未来的栋梁。后来，小平同志"三个面向"的题词发表后，我们的班名又增添了新的含义：面向未来，全面发展。

（2）班训："正直、团结、勤奋、创造"。

我们把"正直"放在首位，因为这是做人最起码的道德品格。"团结"是对整个班集体的基本要求，我们希望班集体充满真诚和睦、互相友爱的温暖。学生的主要任务是学习，因此"勤奋"是必不可少的。在学习知识的同时，我们还应面向未来，培养多种能力，于是，同学们在班训中明确写上"创造"。

（3）班徽。

我们的班徽由红日（上半圆）、大海（下半圆）和中间的"V"形图案构成。

上半部的红日，象征着可爱的祖国如日初升，充满生机；下半部的大海，既象征着知识的海洋，又隐喻我们宽广的胸怀。中间的"V"形图案，既像凌空的海燕，象征着我们沐浴着祖国的阳光，在知识的海洋上，在人生的风浪中，展翅翱翔、英勇搏击；又像打开的书本，象征着我们对科学的不懈追求；也像乍绽的幼芽，象征着我们朝气蓬勃的生命力；还像大写的英语 victory（胜利）的第一个字母 V，象征着未来的胜利一定属于我们！

班徽图案由朱红色（红日）、蔚蓝色（大海）和金黄色（V）组成。红、黄、蓝是三原色，可以调和成无数其他色彩，这象征着我们现在学的知识虽然有限，但只要掌握了扎实的基础知识，培养了多种能力，那么，今后我们所获得的知识、创造的财富将是无限的。

整个班徽呈圆形，象征着全班同学的真诚团结。班徽下半部为 W、L、B 三个字母，这是"未来班"的汉语拼音缩写。

（4）班旗：红日海燕旗。

把班徽图案经过简化（保留红日和海燕的轮廓），用金黄色的丝绸织在鲜红的旗帜上，便成了"未来班"的班旗。

（5）班歌：《唱着歌儿向未来》。

歌词由全班同学集体创作，我修改定稿后，寄往北京中央歌舞团，请著名作曲家谷建芬同志谱曲。谷建芬同志收到歌词后再请她的老搭档、著名词作家王健同志修改，最后为"未来班"谱写了班歌《唱着歌儿向未来》，歌词如下：

蓝天高，雁飞来，青青松树排成排，我们携手又并肩，唱着歌儿向未来。老师同学多友爱，心灵纯洁似大海，勤奋学习身体壮，未来之花校园里开。

蓝天高，雁飞来，青青松树排成排，我们携手又并肩，唱着歌儿向未来。圆明园烈火永不忘，雨花台热血胸中澎湃，先烈战旗接在手，我们是奋发的新一代。

蓝天高，雁飞来，青青松树排成排，我们携手又并肩，唱着歌儿向未来。比高山，比大海，比不上我们对祖国的爱，今朝同唱理想歌，明日报国创未来。

3."未来班"的基本模式

（1）轮流"执政"的干部制度。

"未来班"的班委干部都是自愿报名，通过竞选产生的。班委的一般成员半学期或一学期更换一次；班长一学年更换一次，不得连任。到了毕业时，全班绝大多数同学都已担任过班干部。这种学生干部制度，体现了学生高度自觉的班级主人翁责任感，同时，又有利于学生在竞争中培养自己的各种创造能力和奉献精神。

（2）宜于竞赛的小组结构。

"未来班"的每一个学生小组都是由五六位学生组成的有利于全面竞赛的综合性小组：既是学习小组，也是劳动小组，又是体育小组，还是文娱小组，等等。

我在分组时，尽量考虑考虑"人才"（学习、体育、文娱等方面）的和谐调配，使小组之间的各种竞赛条件尽可能公平统一。实践证明，这种宜于竞赛的小组结构，既有利于小组同学之间凝聚力的产生、上进心的培养、互助精神的发扬，又有助于整个班级集体主义向心力的形成和进取创造精神的激发，使班集体充满温暖和活力。

（3）发展个性的兴趣社团。

除了统一组建的学生综合小组外，为了发展学生的个性、培养学生的多种能力，"未来班"还有不少课外兴趣社团："凌云"文学社、小发明组、集邮小组、学生记者组、小剧团、"攀谈社"、小篮球队、小足球队等等。这些兴趣社团活动的时间一般在午间、周末、节假日等。

（4）多元交流的友谊班级。

"未来班"先后与乐山市五通桥中学初87届（2）班、成都市第十二中学初87届（3）班和北京外国语学院日语系84届（1）班结成友谊班，把班级建设置于一个更广阔的天地中，变思想教育的封闭性为开放性，利用班外的一些积极因素增强班级教育；同时，让学生在与友谊班的交往中丰富社会知识，扩展胸襟、视野，培养社交能力。

（5）共同享用的集体财物。

在班级内部有意识地创设一部分属于大家的共同财物，交给学生自己管理、使用，这也是培养学生集体主义情操的有效方法。在"未来班"，服务性工作都是学生们自愿承担的。保温桶里的开水是同学们早晨抢着灌满的；小书柜里几百本书，同学们随看随取，看完后放回书柜，直到毕业，书一本不少；讲桌上、窗台上的盆花，不时有同学松土浇水，一年四季，鲜艳芬芳。

（6）陶冶心灵的口琴乐团。

"未来班"的口琴乐团是颇具特色而全校闻名的。全班每一个同学都是演奏者。学生进校第一天，我便要求全班同学每人必备一支口琴，口琴乐团便这样自然组成了。我常利用班会课或其他课余时间教学生吹奏口琴。到了初三，我班的口琴乐团已初具规模；除此之外，还有两名小提琴手和十来名手风琴演奏者。

（7）独立主编的《未来日报》。

《未来日报》是由全班同学轮流担任主编而"出版"的手抄报。从"未来班"正式成立之日起出第一期，之后每天按时"出版"，星期日、节假日也不中断，直到毕业。

《未来日报》的统一要求有：一律四开大小；报头必须有班名、班训、班徽图案、主编姓名、期数和"出版"日期；报纸的所有内容均由主编一人撰写，不得有一点转抄；排版、抄写、美工等也由主编一人独立完成。

《未来日报》的"编辑出版"确实体现了学生集体观念与创造精神的有机统一。

（8）记录班史的班级日记。

从新生进校的第一天起，便由值日生写每天的班级日记。班级日记有两项基本要求：认真按时完成，不得有缺漏；忠实记下班上的各项成绩、存在的问题以及班内当日发生的各种大事或变化等等。

4.“未来班”的班风特色

（1）充满温暖的大家庭。

集体主人翁精神真正深入了“未来班”同学的心灵。每一位同学都乐于为集体尽一份力量，为他人献一份爱心；同时每个同学都能真切感受到来自集体的激励和温暖。

农村同学伍建因家境困窘打算辍学，当我得知此事时，同学们早已在暗中为他捐集了一笔钱，不仅解决了他的书学费，还给他买了暖水瓶、闹钟等生活用品。彭艳阳同学一次不慎把饭票弄丢了，正在她难过的时候，却发现文具盒里有一些饭票和现金，并附有一纸条：“这是我们的一点心意。请收下吧！未来班同学。”一瓶墨水放在了讲桌上，这是王鸿同学献给班上公用的。不久，墨水用完了，又有一瓶出现在讲桌上。直到毕业那天，讲桌上的墨水都还未用完！

（2）自我教育的小主人。

集体主义与创造精神在“未来班”中最突出的体现，便是学生们自我教育、自我管理、自我锻炼的小主人风貌。干部轮流担任、小组全面竞赛等制度激发了学生自治的责任心与创造力，而全班同学头脑中“珍惜‘未来班’的荣誉”的潜意识，则是学生自育的思想基础。

我班的学生干部不但自愿担任、竞选产生、轮流“执政”，而且他们的工作颇具主动性、独立性和创造性。自习纪律的维持、清洁卫生的检查、体育锻炼的督促、文娱活动的组织、学习经验的交流……这一切又无不体现着小干部们的工作能力与牺牲精神。

（3）关心社会的责任感。

集体，可以是一个班级，也可以是一所学校，乃至一个社会。随着"未来班"同学集体责任感的不断升华与扩大，他们把关注的目光由一个班扩展到了家乡变化、祖国建设和天下风云：关心国事，走向社会，在实践活动中感受前进中的祖国那充满活力的脉搏，在培养能力的同时尽一份公民的义务与责任。

沈建、彭涛等同学在课余时间对乐山市的黄色小报情况作了调查，然后以"未来班"的名义写了一封后来发表在《乐山报》上的《致全市少先队员的公开信》，号召少先队员们积极抵制黄色读物。宋映容、黄勇等同学写下尖锐的批评文章批评乐山市青少年宫放黄色录像。几天后，青少年宫负责人回信，表示接受批评，停止放映不健康录像。"未来班"的同学还曾夜访乐山市长佘国华同志，了解"七五"期间家乡的建设规划和发展前景。他们还多次组成"捉错别字"小组，走街串巷，然后把搜集到的错别字写成调查报告分别寄给有关单位、商店和报社。学校号召为非洲灾民捐款时，同学们踊跃响应，汪皓同学把刚收到的七元稿费全部捐献了出来。这次捐款，我班是学校初中部捐款最多的班。毕业前夕，大兴安岭的山火又炙烤着同学们的心，"未来班"率先在学校贴出《倡议书》，并在班内进行无记名捐款。三天后班委们把67元捐款寄往大兴安岭。

（4）德智体美的统一体。

了解"未来班"的人都说："这个班的活动特别多！"是的，为了融德育、智育、体育、美育为一体，"未来班"有计划地开展了一系列丰富多彩的活动。一次次的活动，使同学们的能力得到锻炼，使同学们的个性得以健康发展，使他们在妙趣横生的过程中获得知识与教益。

教育者所期待的德育、智育、体育、美育便在这些活动中潜移默化地浸润着学生。

5. "未来班"的初步成绩

两届"未来班"初中毕业时，升学考试成绩均为本校同年级第一名。两届"未来班"均被评为乐山市优秀班集体。不少报刊曾多次报道"未来班"的活动和学生事迹。

"未来班"的学生各种能力明显优于同年级平行班的学生。初87届（1）班尤为突出。三年中，我班学生编演小话剧21场；编录广播剧6部；进行社会调查采访35次；编辑手抄报500余期；全校即兴讲演大赛的20名获奖者中，我班占了5名；在乐山市第二届作文邀请赛中，我班的程桦、黄靖代表学校参赛分别获一等奖、三等奖；在《中学生读写》杂志举办的1986年全国中学生"读写杯"作文比赛中，我班的黄靖获二等奖；在乐山市举办的青少年小发明比赛中，我班的陈晓蕾的"多用量角器"和彭可嘉的"多用圆规"分别获二等奖和三等奖。直到毕业，我班55名学生中，有25位学生在《中学生》《少年文史报》《现代中学生》《中学生读写》等市级以上报刊发表文章27篇。

6. 对"未来班"的几点思考

（1）"未来班"是我在班主任工作中尝试把德育、智育、体育、美育和谐统一起来的学生教育与班级管理形式。它的灵魂是集体主义与创造精神。而我的理论依据主要是陶行知的"学生自治"理论和苏霍姆林斯基的"和谐教育"理论。

（2）"未来班"的建设，体现了教育共性与个性的辩证统一。我认为，作为学校最基本的教育单位，班级当然应该在教育目标、教育思想、教育方针上同党和国家的要求保持一致，在教育内容、教育重点、教育计划上与学校的安排相协调，但这绝不意味着班主任的创造力受到了限制，更不意味着班级不应有自己的个性特色。在学校里或班级内，怎样在共性中发展个性？怎样通过个性培育共性？——这恰恰最能体现出一名班主任的教育智慧和教育艺术。

（3）"未来班"不仅仅是对学生的教育与培养，同时更是对我这个班主任的全面提高。因为"能力只能由能力来培养，志向只能由志向来培养，才干也只能由才干来培养。"（苏霍姆林斯基语）如果说"未来班"多少取得了一些成绩的话，这主要不是因为我有什么水平，而首先是因为在搞"未来班"的过程中我始终保持着一种试验、研究、学习的兴趣与态度。我想，所谓班主任素质的提高，主要还是应该在班主任实践中得以实现。

（4）应该破除长期以来事实上存在的"以智育论德育"的观念与做法。德育效果当然在学习上有所反映，但考试成绩和升学率绝不应该是衡量德育的唯一尺度。因为德育中的许多内容现在是无法科学测评的。因此，我认为，进行德育改革的班级，只要其学习成绩不低于平行班，就应该说其德育改革是成功的。每一位有志于德育改革的教育者应该有这样的教育自信，各级教育行政部门更应树立这样的观念。不然，德育会继续成为智育的影子，广大德育工作者的思想也会继续受到束缚，而学校德育改革更会成为一句空话。

1989 年 6 月 21 日

 整理附记

这篇报告于 1990 年发表在《班主任》杂志上。该刊发表时还加了一段编者按："这是一份很好的实验报告。报告的作者是一位年轻的中学班主任，他从大学毕业就开始'未来班'的实验研究，他的探索是成功的。细读这份报告，每一位班主任都会受到许许多多的启示。"

我自己曾得意地把"未来班"称作我的第一首"稚嫩而纯真的教育诗"。但是，随着教育改革的深入，我对"未来班"有了一些新的认识。在1998年出版的拙著《爱心与教育——素质教育探索手记》的引言中，提到"未来班"时，我是这样评价的："充满浪漫主义气息的'未来班'，是我第一次有意识地进行的比较系统全面的教育实验。……在当时的历史条件下，'未来班'的教育实践是成功的，其标志固然是它符合了许多通常教育评价的'硬指标'；但在我的心目中，得意之点主要在于：我自觉地发挥了'集体'的教育功能，注意了各种教育内容和方式的有机融合，善于引导学生自我教育，开始重视学生的个性发展及其精神世界的充实，有意调动学校以外的积极因素参与教育……更重要的是，'未来班'为学生的班级生活和我的教育生活增添了无穷的乐趣：学生通过生机勃勃的集体生活，切身体验到了成长的乐趣、发展的乐趣、创造的乐趣，他们拥有了自己充实而美好的精神世界；我通过学生的幸福体会到了自己的幸福，通过对'未来班'的设计、建设和发展体会到了教育科研的意义和教育艺术的魅力所在。……然而，'未来班'教育模式的缺陷也是明显的。虽然当时我并未意识到这一点，但继续向前推进的教育探索，便逐步向我展示了'未来班'的缺陷，这就是：重继承，轻创新。……革命传统教育永远是需要的，革命理想主义、英雄主义教育也是我们社会主义德育永远不可缺少的，但是，面对变化了的社会和日益发展的时代，如果我们的教育不及时更新内容，那就必然会被社会和时代抛弃；而且，如果我们的教育只是'玫瑰色教育'，那么，所培养的学生一旦走上社会必然碰壁。"

　　进入20世纪90年代以来，我正是以对"未来班"的反思，开始了我对更加民主、更加科学的教育理想的追求。

2014年6月10日

附：

"我们是奋发的新一代!"

——"未来班"记事

1. 播撒温暖的种子

转学到"未来班"才两个月，林玲就在日记中这样写道："我庆幸我来到了一个温暖的班集体，我埋怨父母为何不早点调动工作，使我能早点生活在这一个温暖的大家庭里。"

新同学的话表达了所有同学对班集体的热爱。班集体的温暖从三年前开学第一天就形成了——

发新教材了，可是有一本音乐书的封面是破的。

"谁愿意要这本破书啊?"班主任微笑着问刚进初中的小同学们。

一只只小手"唰"地举了起来，如一片小树林。老师把书递给了最先举手而且手举得高的一位同学："你叫什么名字啊?"

"喻建忠。"他脸红了，接过那本音乐书。

"好! 同学们，开学第一天，大家就感受到了集体的可爱和温暖，这是喻建忠给大家带来的温暖。记住：今后三年，每位同学都要做到，让同学们因为'我'的存在而感到温暖!"

这天放学，老师请大家自愿扫教室，又是一片"小树林"扬了起来，最后，吴涛、潘芳奕、彭可嘉等六位同学主动留下来把教室打扫得干干净净。

喻建忠等同学的行动感染了大家，温暖的种子变成了温暖的幼林——

一瓶蓝墨水放在了讲桌上，这是王鸿同学献给班上公用的。不久，墨水用完了，又一瓶放在了讲桌上，这次却不知道是谁放的了。用完了，又是一瓶……

彭艳阳同学刚买的饭票不慎丢了，陈晓蕾、邱梅影主动号召同学们资助彭艳阳。晚上，彭艳阳含着热泪找到老师："我只丢了五元饭票，可不知是谁放了九元多在我文具盒里。我不能收！……"

端午节到了，潘芳奕同学拿着粽子、盐蛋走进了教室。班主任开玩笑地说："给我的吗？"她调皮地笑着摇摇头，朝周磊的座位走去。哦，原来是关心着远离父母的同学啊！……

三年里，这类充满温暖、友爱的小事数不胜数。每位同学都感受到了这种温暖：

李毅同学不会忘记，当自己因车祸受伤时，同学们把糖果、糕点等慰问品和一封封同学签名的慰问信送到了床前；王伟同学不会忘记，当他因病住院两个月回到学校后，同学们把帮他抄好的各门功课的笔记送到了他的手上；喻建忠同学不会忘记，当自己患猩红热躺在病床上时，荣建同学每天都到他家一次，向他报告班内的新闻，回到班上又向同学们报告喻建忠的病情；彭艳阳同学不会忘记，临近新年，她因脸部撞伤不能上学时，同学们来到病床前为她表演文艺节目，高唱着"祝彭艳阳新年快乐"；全班女同学都不会忘记，初三时，每天晚上晚自习下课后，是男同学们组织起来，护送女同学回家……

初二时，梁汉明同学要转学到重庆了，同学们准备了文艺节目，为他开了个欢送会。会上同学们动听的歌声、风趣的小品都很难让梁汉明的脸上绽放笑容——要离开这个温暖的家了，他难受啊！同学们问他："到重庆后，第一件事打算做什么？"他答道："给'未来班'写信。"

"未来班"的每一位同学都用一件件平凡小事为集体创造着温暖，每一位同学也都感受到来自集体的温暖。

2.集体的荣誉高于一切

是的，"未来班"是温暖的，而这温暖，来自全班同学的共同信念——集体主义。随着班集体建设的深入，同学们渐渐把仅仅对某一位同学的关心上升到对整个集体的热爱：为班集体的每一项建设出力，为班集体的每一次成绩兴奋，为班集体的每一回挫折难过。

初一进校不久，同学们感到喝水不方便，便在班上搞了一次捐款活动，凑钱买了保温桶。同学们自愿捐款：有的捐五角，有的捐一元，有的捐五元。保温桶买回来了，从此，每天早晨，都有同学很早来到学校，为同学们提开水。从初一到初三，老师没安排过一次同学提开水，但每天的保温桶都是满满的。每个同学都把所获得的集体温暖变为对集体的关心。一个保温桶，成了同学们热爱集体的见证，它看到了喻建忠坚持提水的身影，它看到了杨毅、彭艳阳为提水而抢水桶的场面，它看到了宋平等同学自己掏钱到街上茶馆里提水回来的滴滴汗珠，它看到了同学们一颗颗热爱集体的心。

初一时，同学们从家里拿来了各种童话、小说、科普书籍，共250本，建起了小图书馆。同学们利用读报课和业余时间阅读这些课外书，大家自由取书，看完后自觉放回原处，无人监督，三年过去了，小图书馆的书一本不少。对集体的热爱，使每位同学都认识到：如果自己私自拿了一本书，即使不一定会被发现，但这也是我们集体的耻辱。

每逢学校有重大比赛时，班上的集体主义精神便会掀起一次高潮。运动会报名，班主任从不指定运动员，更不给同学报名，但每次运动员登记表都是填得满满的。一次运动会前，因报名人数太多，体育委员只好先来个"选拔赛"，荣建同学为了入选，短跑时速度太快，撞在了单杠上，顿时血流满面。运动会开始了，本来在家养伤的荣建却来到操场上，不顾自己鼻青脸肿，不顾老师、同学的阻止，硬是戴着"大口罩"参加跳高比赛，为班集体得了个第三名。又是一次运动会，比赛女子八百米跑时，我班运动员突然病了，关键时刻，身材瘦小、体育成绩一向不好的班长吴涛却毅然站到了起跑线上，以顽强的毅力跑完了全程。原来一向对集体冷漠的黄靖同学在为班集体赢得一次接力赛的胜利后，这样动情地写道："我流下了热泪。我第一次感到，为集体出力是如此幸福！"

不让一个同学掉队，为每一位同学负责！期末考试前几天，彭艳阳、吴涛、程桦、何萍等同学每天放学后都很晚才回家。原来，他们主动把班上几位成绩不好的同学组织起来，为他们补课。虽然，他们补的知识是有限的，但他们的行动却感动了被帮助的同学——感受到了集体对自己的关心。

对于自己所犯的一点错误，"未来班"的同学都不只是看成个人的过失，他们首先会想到会不会给集体造成损失。一次，该王伟编辑出版《未来日报》了，头天晚上他才想起这件重要的事，为了准时出版，他熬夜编辑到凌晨三点多，第二天一早他把《未来日报》挂在班上之后，便回家睡觉去了。老师批评他旷课时，同学们说："王伟旷课是不对的，但他为了准时出版班报而熬夜，这恰恰是一种关心集体的精神。"是的，同学们都把《未来日报》看作集体的生命线，谁也不愿意让这生命线因自己编辑的《未来日报》不准时出版而中断一天。《未来日报》从第1期到毕业前夕的516期，天天出版（包括节假日、寒暑假），从未间断。

在同学们的心目中，集体和集体主义不再是抽象、空洞的概念，而是看得见、摸得着的实体。在一次课堂上，老师为了激一下个别违反纪律的同学，说了一句："这算什么好的班集体！"同学们纷纷站起来与老师辩论："老师，你可以说一些同学不好，但不能说我们班集体不好！"宋严同学还因自己的班集体受到"污辱"而流下伤心的泪水。——此刻，同学们看到了集体的凝聚力和尊严。1987 年 1 月 18 日，"未来班"全体同学参加了乐山市环城赛跑，大家都勉励自己，不能中途退场，要为集体争光。最后，班上有六位同学获得优胜奖，连身体瘦弱的刘彤、鲁明也跑到了终点——此时，我们看到了"未来班"集体主义的青春活力和形象。

3. 真诚的感情化为忠诚的责任感

"我坚信，我一定能当好班长！我有一定能力，更有一颗热爱'未来班'的心。请同学们拥护我，信任我！"自荐当班长的程桦同学、吴涛同学，以充满自信、热情洋溢的"就职演说"赢得了大家的阵阵掌声。接下来的"记者招待会"上，一位同学提了一个尖锐的问题：

"请问两位班长，你们自荐当班长，有没有名利思想？请说实话。"

吴涛坦然答道："我没有。我只想为同学们服务。"

程桦却朗声回答："既可以说没有，也可以说有。我并不想争任何个人名利，但是，既然是班长，既然是为集体工作，我就要争集体之名，夺集体之利！"

是啊，对班集体的热爱、关心，不能仅仅停留在朴素的感情上，而应把这种感情化为一种理性的责任感，让集体因为"我"的存在而更加兴盛。不仅仅程桦、吴涛是这样想的，全班同学都是这样想的。"未来班"的班委干部，从来不由老师指定，也不是"终身制"。因为大家都想为集体工作，因此每次班委轮换时，报名当干部的同学总是远远超过班委应有的名额。所以，这个班的干部制度是：班委任期半学期至一学期，可以连任；班长任期是一年，不得连任。三年过去了，全班绝大多数同学都担任过班委干部。

当然，集体责任感不仅仅体现在当班干部上。班上有一段时间，有几位男同学纪律性不太强，彭艳阳同学便利用新年联欢的通信游戏，分别给这几位同学写信，诚恳地帮助他们，使这几位同学深受感动，并逐步改正了缺点。班上有一个最调皮的同学叫谈俊彦，谁都不愿同他坐一起，潘芳奕同学却找到老师："让谈俊彦和我坐一起吧，我尽量帮助他。"她像姐姐关心弟弟一样帮助谈俊彦，这当中吃了多少苦头，费了多少精力，旁人是难以想象的。

集体，可以是一个班，也可以是一所学校，及至一个社会。"未来班"同学的集体责任感也在不断扩大。我们曾三次写信致校长，就学校建设提出自己的看法和建议；我们曾夜访乐山市市长佘国华同志，了解"七五"期间乐山市的建设规划和发展前景；我们曾组织"捉错别字"小组走街串巷，收集各单位招牌、街道广告、商店标签等上的错别字，然后写成调查报告分别寄往有关单位、商店，这份调查报告还在《乐山报》上发表了……

有一段时间，不健康小报在街头泛滥。沈建、彭涛、黄剑钊等同学利用课余时间对乐山市内主要街道的小报出售点进行了一一调查，然后以"未来班"全体同学的名义，写了一封《致全市少先队员的公开信》，号召大家联合起来抵制不健康小报的影响，这封公开信发表在《乐山报》上，起到了良好的教育效果。

不久，不健康录像又兴起了，而且连青少年宫也放起了内容不正的录像。同学们极为气愤。宋映容、沈建、黄勇等又对青少年宫一周的录像节目进行了调查，并写下尖锐的批评文章寄给乐山青少年宫和乐山市市长。几天后，同学们收到了青少年宫负责同志的回信——表示诚恳接受同学们的批评，停止放映不健康的录像节目。

由对班集体的热爱上升到对社会的关心，反映出"未来班"同学责任感的层次在不断提高。1985年，学校号召为非洲灾民捐款。同学们踊跃响应，江皓把刚收到的《中学生》杂志寄来的稿费全部捐献了出来。这次捐款，我班是学校初中部捐款最多的一个班。

4. 为创建未来培养能力

"未来班"的同学们把自己心爱的班集体用"未来"二字命名，表达了一个崇高的愿望："我们时刻准备着，去把未来亲手创建！"（《少年，少年，祖国的春天》歌词）

做未来跨世纪的主人，首先需要开拓进取的精神和创造能力。"未来班"正是在这一点上，体现出了自己的班级特色和集体个性。

请看一组镜头——

语文课开始了，同学们正在猜测李老师开会去了，又将由谁来代课时，彭涛同学走上了讲台："同学们好！"俨然是一位老师。同学们习惯地答道："老——师……哈哈！""好"字还未说出口，大家一下子明白今天是由同学自己上课，忍不住哄堂大笑起来。"别笑！严肃点。——今天，由我给大家讲新课《醉翁亭记》。"彭涛从容不迫地讲解着，渐渐地同学们竟听入了迷。（事后，任岚同学这样写道："真没想到，同学上课竟讲得这样好！李老师知道了一定会'妒忌'的。"）

"同学们，我很荣幸来到中国，来到'未来班'。"讲台上，程桦同学扮演的马克思正在发表演说，"历史进入20世纪80年代，我仍然坚信，共产主义革命必然取得最后胜利，无产者在这场革命中丢去的只是铁链，他们得到的，将是整个世界！""马克思"的演说完了，接着是由同学们扮演的爱因斯坦、鲁迅、毛泽东、居里夫人等杰出人物分别发表演说。这是1986年10月19日，"未来班"的干部们为纪念鲁迅先生逝世50周年而举行的"思想节"中的一个内容。

教室里，一场唇舌之战正在激烈展开。这是"未来班"中一些思想活跃的同学组成的"少年社"与高中同学的一场社会问题辩论会。从日本侵华的原因到抗战胜利的必然性，从刘晓庆的"我是中国最好的演员！"到《丑陋的中国人》，从高加林的爱情到李向南的改革……笑谈古今，纵论天下。大家的言辞是炽热的、观点是幼稚的，但关心国事的感情却是诚挚的。谈到"人生应当有志而且应该有自信心"时，"理屈词穷"的一位高中同学以攻为守地反问程桦："你以后想当什么？"程桦"忽"地站了起来："我想当国家主席！"全场为之瞠目。

黄昏，夜幕渐渐降临。班委干部彭艳阳、陈晓蕾、张锐、彭涛都分别走出了家门，在市内大街上匆匆走着，他们叩开了一扇扇门，过了一会儿，在"阿姨、叔叔再见！"的告别声中他们离开了一个个温暖的家，又匆匆奔向另一个温暖的家……别以为他们是一群贪玩的学生，他们是在进行家访呢！

星期六又到了，班委组织的"周末知识竞赛"又开始了。今天的主持人是赵刚同学。"敢怒不敢言——打一物理概念。"他笑眯眯地看着同学们。"空气。"一位同学答道。"好！加五分。"他记下分数。"谁愿意和我对诗？"他问，只见另一位同学站了起来。"好，我念上句，你念下句。'独在异乡为异客'——""'每逢佳节倍思亲。'""'春风又绿江南岸'——""'明月何时照我还。'""'出师未捷身先死'——""'长使英雄泪满襟。'""好！"同学们也不禁喝彩，同时又怀着浓厚的兴趣，等待着赵刚出下一道题……

就像"未来班"的好人好事谁也说不完一样，"未来班"三年所开展的旨在培养能力的创造性活动也是说不完的。我们曾在烈日炎炎的暑假，在街头摆起书摊，开展勤工俭学活动；我们曾在儿童节、元旦、国庆节，自己组织了多次游园会、蜡烛晚会和故事会；班主任开会出差，班长理所当然地成了代理班主任；日本友人来校访问，吴涛、陈炎等同学主动前去采访，俨然成了老练的记者……我们这个班先后出现过"小发明热""辩论热""演说热""联谊热""演剧热""社会调查热""名人采访热""知识竞赛热"……

1986年8月21日，班上"凌云"文学社的同学自己组织了一次"峨眉山夏令营"活动，第一次不靠家长的照顾，不靠老师的帮助，他们组织起来，以顽强的毅力登上了峨眉之巅——金顶。文学社社长沈建同学这样激动地写道："我骄傲，我用自己的双腿，战胜了重重困难，登上了我以前想都不敢想的金顶——我看到了自己的力量！"

在不断进取中不断看到自己的力量，这样的感受不仅仅来自登上峨眉山顶。

5. 对错误的追悔

毋庸讳言，在"未来班"三年的集体主义大合唱中，曾多次出现过节奏不整齐、声音不和谐的情况。同学们在一次次为集体的荣誉欣喜无比的同时，也多次为集体的耻辱而羞愧万分——数学老师曾因这个班的课堂秩序不好而愤然离开教室；个别同学曾因考试作弊而被停课检查；一个小组的同学曾因不认真扫地而被罚扫三周；教室的玻璃窗曾因同学们课间疯打而多次成为碎片……

初二上学期的一个晚上，彭艳阳同学上完自习准备离开教室，她像往常一样，习惯地把窗台上的花盆往教室里端。突然，花盆散架了——原来花盆早已被打坏了。彭艳阳想起刚开学时自己和同学们一起捐花给班上的情形，很是心疼。她想起教室墙角还有一个空花盆，不正可以用来移栽这花了吗？可是，她又一次失望了：那个花盆也不知什么时候被人打碎了！想起自己和许多同学关心集体的一片好心却被少数同学践踏，她难过地流下了眼泪。回到家以后，她又想了很多，由埋怨别人变成了责备自己，她在当天的日记中这样写道："从一件小事可以看出整个集体的风貌。我不应感到委屈，因为我是班集体的一员。如果我看到有同学不爱惜花盆时能严厉批评，就不会发生花盆破碎的事。这件事我应负责任，因为我是班干部。我想，如果每个同学都真正把自己放在这个集体之中，这样的事就不会再发生了。"

老师把这一件小事在班上公布，全班同学的心灵都受到了震撼！同学们在赞美彭艳阳勇于在平凡小事上严于律己的同时，更多的是像彭艳阳一样无情地解剖自己："我为什么没有她那样的思想境界呢？""彭艳阳的心灵太高尚、纯洁了！""人活着是为了什么？仅仅是为了活着吗？""只有能自觉干小事的人才能干大事。""对比彭艳阳，我认识了自己的丑陋之处，我为集体做了些什么呢？没有！"……

几天后，几盆更艳丽的花卉出现在了窗台上。

"未来班"的同学把每一位同学犯的错误都看作整个集体的耻辱。一段时间，课堂纪律不太好，于是一封"匿名信"到了老师手里："请管一下班上的纪律吧！'未来班'的形象正在受到损害。"正因为同学们都关心集体，所以班干部的大胆管理得到了绝大多数同学的支持。不止一次，个别管不住自己的同学在自习课上说话、嬉笑，甚至玩水枪。"站起来！"一声怒喝，只见喻建忠朝这些违纪同学走去，那几位同学只好乖乖地认错改正。

同学们毕竟还不成熟，但他们又毕竟是热爱集体的。田丰同学在春游时不听老师的安排，回校后他不仅诚恳地向老师认错，而且为集体献上一盆鲜花；吴涛、郭丽等同学闹别扭了，不团结了，老师批评后，她们主动代表班集体做好事——为低年级同学打开水；程桦、荣建等男同学多次不听老师劝告而在楼道里踢足球，终于酿成大祸——踢伤一位高中同学的眼睛。这一次他们不等老师批评便主动承担了责任，把受伤同学送到医院，并凑足了医药费，然后再向老师认错——从此，他们再也没在楼道里踢球了……

对错误的追悔，便是对未来的拯救。"未来班"正是在克服一个又一个错误的过程中不断前进的。

6. 深切的依恋与深沉的思考

还有 99 天，还有 98 天，还有 97 天……毕业的日子一天天逼近，深深的离别情充满了每位同学的心房。大家每天都在默默地珍惜着日子，算着还能在"未来班"生活的最后日子。

给心爱的"未来班"留下更多的温暖吧！让她在最后几十天里绽放最灿烂的光彩！——这是全体同学发自肺腑的共同心愿。

1987 年 4 月 11 日早晨，讲桌上出现了一瓶公用蓝墨水！同学们兴奋了：中断了许久的公用墨水又出现了！中午不知是谁，又在讲桌上放了一瓶墨水，过了一会儿，又是一瓶……到了下午放学，讲桌上已经放了六瓶公用墨水！老师乐呵呵地说："请这些不知名的同学别再献墨水了，这儿毕竟不是卖墨水的地方啊！"同学们也笑了："那有啥关系！我们的公用墨水品种齐全，同学们愿吸什么牌的墨水都有！"

同学们就是用类似的这一件件平凡小事，向亲爱的班集体倾注着自己诚挚的热爱和深切的依恋！

每一位同学的生日那天，许多同学便会送去祝贺"生日快乐"的礼物。魏霞同学的学习成绩一直不好，但同学们仍然给她以真诚的爱，她生日那天，仅明信片就收到二十多张！邱梅影同学在明信片上这样写道："有些东西，你在拥有的时候，也许不会感到它们的可贵，但当你即将失去它们的时候，你就会发觉它们的珍贵。愿你珍惜现在拥有的美好的一切！"

这几句写给魏霞的赠言，实际上道出了同学们对可爱集体的感情。要离开"未来班"了，做什么事都可能是最后一次了，因而格外认真。扫教室时，七小组的同学特别细心，每一扇玻璃窗都擦得干干净净；最后一期黑板报了，八小组的同学全组上阵，精心设计、认真抄写，办出了小组"历史"上最美丽的一期黑板报；最后一次当值日生了，仅仅因为没倒痰盂，黄靖同学主动要求连当了三天；最后一次编辑《未来日报》了，王伟同学对自己已经出版的小报不满意，主动要求重新编辑；最后一次……

毕业前夕，同学们不仅仅有对班集体的留恋，还有着对人生的思考、对未来的展望。

在紧张的复习阶段，全班同学利用语文课和班会课集体阅读了反映志愿军英雄事迹的长篇报告文学《志愿军战俘纪事》。战俘营里志愿军英雄们惊天地、泣鬼神的崇高气节，共产党人和共青团员们用生命与鲜血捍卫五星红旗的壮举，强烈地震撼了同学们的心灵！他们开始思考：人生的价值是什么？什么是真正的爱国？真正的共产党员、共青团员是怎样的？……

正当同学们为志愿军英雄而感动的时候，恰逢《志愿军战俘纪事》的作者靳大鹰同志和这篇报告文学中所描写的英雄之一张达同志来到乐山市。同学们立即组成采访小组，与靳叔叔和张达伯伯一起开了一个座谈会。

同学们与英雄一起谈人生、谈信仰、谈党风、谈改革。靳大鹰同志用自己采访志愿军战俘的一些事实，帮助同学们全面地看待党风、军风和社会风气；张达同志更是以自己的人生经历告诉同学们："人生的价值在于奉献！"

座谈会上，宋平同学代表"未来班"的同学向张达同志提了一个问题："我想，如果没有信仰，您和您的战友们当年在美军战俘营里不会那么坚强。但我们这一代人中许多人恰恰缺少信仰，现在党风和社会风气不正、一些人以嘲笑先烈为时髦，我们真担心：我们的祖国会败在我们这一代人手中。请问张伯伯有无这样的担心？"

"不会！我相信不会！"张达斩钉截铁地答道，"有人认为只有经过战火磨炼才能建立信仰，其实生活在新社会，同样可以建立坚定的信仰。你们也可以建立信仰。要看到党内大多数是好党员，这是我们党的希望。你们也是我们祖国的希望，你们能够思考这些问题、担心这些问题，就说明你们是爱祖国的，就说明我们的祖国不会败在你们手中！"

座谈结束时，张达为同学们留言："和年轻的同学们一起努力！"靳大鹰写道："信仰重于生命，祖国高于一切！"

与英雄的座谈深深地教育了同学们，回校后，宋平等好几位以前不想入团的同学递交了入团申请书，大家还纷纷写了感想：《一次最成功的采访》《什么是真正的爱国》《与英雄一起思考人生的价值》……

爱的内涵在丰富，责任感的外延在扩大，同学们把对班级的感情升华为对民族和国家的热爱，把思考的眼光投向人生和未来。

毕业前夕，班长程桦同学写了一篇展望未来的作文《血染的班徽》。内容是：许多年以后，一位"曾是'未来班'的一名优秀学生"的年轻少校在保卫祖国的战斗中牺牲了，在他生命的最后一刻，少校用颤抖的手蘸着热血在旧信封的背面画了一个"未来班"的班徽，作为留给几天后"未来班"团聚时的礼物。

作文结尾这样写道：

"少校的战友把信封上鲜血染红的班徽裁下来，卷成卷，系在白鸽身上……绚丽的晨晖之中，洁白的鸽子从少校倒下的地方展开了翅膀，环绕着主人的遗体飞了几圈，然后向蓝天冲去，向太阳扑去。在它掠过朝阳的一瞬间，少校的战友们看到，在溅满热血的天空，有一枚硕大的'未来班'的班徽正在升腾，升腾……"

1987 年 4 月 13 日—15 日

培养胸襟开阔的爱国者

记得报上曾报道过这样一件事：在北京的大街上，一位人力三轮车夫拉了一位外国游客，便招来一群中国同胞的斥责——"你还甘心做外国佬的奴仆吗？"我想起1982年春，日本的一个友好访问团来我校参观，全校师生都在打扫卫生，布置环境，准备迎接客人，我班少数学生却私下议论："鬼子又要进庄了！"……这些现象不能不引起我们的思考：那一群中国同胞和我班这几位学生不能说没有真诚的爱国感情，但他们表现出来的却并非真正的爱国主义思想。随着改革开放的深入和社会主义现代化建设事业的蓬勃发展，我们同世界各国的来往交流会更加广泛密切，这对我们的教育也提出了新的要求。小平同志早就指出："教育要面向现代化，面向世界，面向未来。"我认为，历史趋势和时代发展，要求我们学校的爱国主义教育也应面向世界，面向未来。如果我们培养出来的爱国者实质上是盲目排外的狭隘民族主义者或大国沙文主义者，这将是我们爱国主义教育的失败。因此，我们在进行爱国主义教育的时候，既要反对崇洋媚外、全盘西化，又要反对盲目自大、闭关自守。我们应培养出一代头脑清醒、胸怀全球、放眼世界的爱国者！

培养胸襟开阔的爱国者，首先要培养学生的无产阶级国际主义精神，教育学生关心世界人民（特别是第三世界人民）的正义事业和经济建设。无产阶级的爱国主义总是与无产阶级的国际主义密切相连的，对祖国人民的热爱必然也表现为对世界受压迫、受剥削的人民的关心。因此，一个真正的无产主义爱国者同时也是一个坚定的无产阶级国际主义者。我结合语文作文教学，曾多次让学生写国际题材的作文，如《致战火中的阿富汗中学生》《向你致敬，巴勒斯坦解放战士！》等等，以此引导学生关心、思考被压迫民族的命运。美国入侵巴拿马之后，我曾扮演为侵略行径狡辩的"美国总统"，与班上学生展开辩论，让学生在国际主义的立场上为弱小民族伸张正义。1985 年，上级号召大家捐助非洲灾民，为了不使这次活动流于形式，我不但在课堂上向学生介绍了非洲的灾况，而且还从报刊上剪下大量反映非洲饥饿的照片，以"同在一个地球"为题在教室里搞了一个图片展览。那面容憔悴的母亲，那骨瘦如柴的儿童，触目惊心，惨不忍睹。学生们产生了真诚的同情心，纷纷捐款。这次捐款，不仅仅是一次普通的献爱心活动，而且成了教育学生支援世界人民的难忘一课。

培养胸襟开阔的爱国者，也要随时引导学生关心国际形势、天下风云。要让学生明白，历史车轮的飞旋、高新技术的发展，已越来越使世界变成小小的"地球村"；我们虽然身在一个有限的空间（学校、家庭）里，但世界上政治的、军事的、经济的、文化的、科技的重大变化与发展，无不直接或间接地对我们产生影响。东欧剧变、海湾战争、绿色和平组织、人类对宇宙空间的开发与争霸……这些都应该引起学生的关注。班主任除组织日常的报刊阅读外，还可让值日生每天作两分钟的"国际新闻报告"，高中生还可在这个基础上作简要的"新闻述评"。另外，每月还可以在班上进行一次包括国际时事内容的读报竞赛（卷面笔答或口头抢答），也可评"本月国际重大新闻"。到了年底，组织学生参加有些报刊举办的当年"十大国际新闻"评选活动。

培养胸襟开阔的爱国者，还应鼓励学生主动与外国朋友友好交往。在改革开放的时代，中学生与外国人的接触机会是很多的。我们教育学生不但要以自己良好的言行维护社会主义祖国的尊严，还要善于在与外国友人的平等交往中，了解、学习其他国家民族的长处，同时又为中华民族真诚热情的形象增光添彩。1986年，又有一个日本访问团来我校参观，我准备组织学生进行采访，当我提出这个建议时，这些初二的学生真有点胆怯，我便鼓励他们："上海曾有位女中学生给英国首相撒切尔夫人写信，并收到女首相的亲笔回信，你们为什么就没胆量与日本友人交谈几句呢？"有同学说："想起日本人，就想起南京大屠杀，心里总有点'那个'……"我首先肯定了这些学生真诚的民族感情，同时也向他们讲了应该把三四十年代的日本鬼子与80年代的日本朋友区别开来的道理，最后我说："你们恰恰应该通过自己不卑不亢、落落大方的采访，在日本人面前展示出新一代中国少年的风采！"后来，学生们果然成功地对日本朋友进行了友好采访，并博得了访问团团长的称赞："贵国学生真可爱！"当然，与外国友人的交往方式不一定是采访，但不管什么方式，我们的目的都不仅仅是教会学生懂礼貌或练练外语，更重要的是让学生拥有一种自尊自信的精神，一种善于交际的能力，一种宽宏大量的风度，一种面对世界的气魄。

　　教育学生勇于面对世界，使学生在更宽阔的范围内体验自己祖国在世界民族之林中的尊严与地位——看到祖国的固有长处，以增强其民族自信心；看到祖国的暂时不足，以增强其民族自强心。最后的落脚点，在于使学生由衷地热爱自己的祖国，忠诚于生机蓬勃、前景辉煌的社会主义事业。

1988 年 12 月 3 日

 **整理附记**

　　近几年，因为日本右翼势力不断否认侵华历史，并且公然声称"钓鱼岛是日本领土"，对此，中国人民表现出极大的民族义愤，是理所当然的。但是，在抗议谴责之声中，我们听到了"抵制日货"

等偏激的口号，甚至还有打砸行为，这无疑是极为幼稚可笑的。我对学生说："你可以不喜欢日本，但你一定要知道我们和日本在很多方面的差距有多大。早在一百多年前的清末，尚且有仁人志士提出'师夷之长技以制夷'，半个多世纪以前，鲁迅先生也曾提出'拿来主义'的主张，到了今天，我们岂能关上国门而自外于世界？我们的综合实力固然还暂时落后于西方发达国家，但与一百年前相比，今天的中国显然已开始崛起于世界——这'崛起'的重要标志之一，就是中国开始向世界各国敞开了胸襟。欲强我中国，必须面向世界，这是我们百年屈辱、百年抗争换来的宝贵经验。30多年改革开放的伟大实践，使中国人民有了开阔的国际视野。我们推崇的是与法治、民主、科学相结合的现代爱国主义，而不是'闭关锁国'、盲目排外的狭隘的'民族主义'。我们永远反对霸权，但我们永远都不应排外！"向世界敞开胸襟，这是一种自信的爱国！

2014 年 6 月 10 日

引导学生发现美

列宁有一句名言："爱国主义就是千百年来固定下来的对自己的祖国的一种最深厚的感情。"这说明人们对祖国的深厚感情是经过长期生活实践而凝聚起来的。但对我们的学生来讲，他们的年龄、知识、阅历有限，很难体验到这"千百年来固定下来的……深厚的感情"。从某种意义上说，知识、道理可以传授，而感情却无法强行灌输，只能通过感染、熏陶、培养等途径使学生逐步情不自禁地油然而生。在我们对学生进行爱家乡教育时，常常会听到学生嘀咕："我看不出家乡有多美呀！"在这种情况下，无论给学生讲多少关于爱祖国、爱家乡的豪言壮语与名言警句，都无济于事。有效的办法，只能是耐心地引导学生发现美，让美的感受激起他们爱的感情。

根据我的体会，引导学生发现美，可以从以下三方面入手。

1. 引导学生在司空见惯的平凡之处捕捉美

这种引导，既包括教师有意识地教育，甚至示范，更是指教师善于抓住并利用一些学生可能是偶然发现的美（自然美、环境美、心灵美等等）来启发大家：为什么这些同学能在很平常的地方看到美，而"我"却熟视无睹呢？在一次作文中，我班宋平同学交上一篇随笔《有一个美丽的地方》。这个地方正是全班同学每天上学都要经过的岷江岸边的一个菜市场，平时同学们不但从未感到美，甚至还因拥挤嘈杂而反感，但在宋平的眼中，它的确是美的：江中日出的倒影、江面闪亮的舟帆、菜农悦耳的吆喝、顾客愉悦的笑容……在评讲这篇随笔的时候，我给学生讲了艺术家罗丹的一句名言："对于我们的眼睛，不是缺少美，而是缺少发现。"我们学校门口正好有个菜市场，我便专门安排了一次活动，让学生去观察美、发现美、感受美。在汇报交流会上，大家觉得收获颇大。有的从一位老农面前色泽鲜嫩的蔬菜堆砌出的图案中看到了艺术美，有的从一位姑娘主动帮一位买菜的大婶照看婴儿车看到了人情美，有的从卖肉师傅退还顾客多给的一元钱中看到了心灵美，有的从熙熙攘攘、热闹非凡的场面中看到了蓬勃兴旺的繁荣美……短短45分钟的"寻美"活动，使学生们体会到了"美在发现"这一朴素的真理。当然，让学生于平凡处发现美，不应只是班主任组织一两次班会活动，而应成为长期坚持的教育训练。

2. 引导学生在日新月异的家乡变化之中感受美

了解家乡的建设成就，是爱国主义教育的传统方法之一，这种方法至今仍然有效。不过，应该注意的是，了解家乡的建设成就，不应只限于陈列馆、展览厅或工矿企业，也要引导学生善于随时随地发现家乡的新变化，让学生每天都能听到家乡前进的足音。教初二时，我曾让学生在每个星期上交的周记里记录自己发现的家乡变化。这个变化，既可以是重大成就，也可以是细小成绩；既可以是新的建筑景观，也可以是新的精神面貌；既可以是整个家乡的新变化，也可以是自己家庭的新气象……结果，每周的60篇周记都使我感受到了家乡跳动的脉搏，学生的观察与记录真是无微不至：修缮大佛的脚手架、横跨岷江的新大桥、金碧辉煌的大商场、焕然一新的校门、街头新添的阅报栏……作为教育者，我深深感到，所谓

"引导"，并不只是煞费苦心地教育或手把手地训练，更主要的在于向学生提出一定要求，并为学生提供一种机会，有了要求和机会，学生的收获往往会使我们喜出望外。

3. 引导学生在游山玩水中领略美

学校一年一度的春游（或秋游）活动，无疑是激发学生热爱祖国、热爱家乡的极好机会（遗憾的是，由于升学率的压力，目前不少学校连这样的活动都取消了）。但是，在组织学生春游的时候，我们应防止已经出现的这种倾向：眼睛只盯着风景旅游区。要让学生明白：风景旅游区毕竟有限，而祖国的美景是无限的，并不是只有在旅游区才能领略美。我经常给我的学生背诵方志敏烈士《可爱的中国》中的名句："……其实中国是无地不美，到处皆景，自城市以至乡村，一山一水，一丘一壑，只要稍加修饰和培植，都可以成流连难舍的胜景。"组织学生郊游，是我班主任工作的"传统保留节目"，但我与学生的"游山玩水"，却不仅仅是春游，也不都在旅游热点。周末、寒暑假都可以是我们的郊游日，虽然有时我们也乘车坐船，长途旅行至云南石林、贵州黄果树瀑布，但更多的时候，是信步远行，或骑车飞驰——一处松林、一面山坡、一方水塘、一条溪涧……都可以成为我们笑语声声、炊烟袅袅的胜景乐园。每每此时，我与学生得到的精神收获是极为丰富的：既有大自然对心灵的净化，也有师生之间感情的交融，当然，更有对祖国平凡山石、普通草木的由衷的热爱。

引导学生发现美，还有一个重要的前提条件，即教育者自身应该对周围的美有深切的感受，并怀有真诚的感情，因为正如信念只能用信念去铸造一样，激情也只能靠激情来点燃。只有让学生发现美，才能使他们产生爱。激发感情，是爱国主义教育的基础工作，因为"没有'人的感情',就从来没有也不可能有人对于真理的追求"（列宁语）。

1989 年 6 月 9 日

 **整理附记**

在应试教育的束缚下，教育越来越远离社会，远离自然，远离激情，远离浪漫……一句话，越来越远离"美"。今天读到这篇文章，我感到心痛，因为和当年相比，今天的教育更加封闭、更加远离自然和社会，理由是为了"学生安全"！然而，离开了自然与社会的"教育"还叫完整的教育吗？

2014 年 6 月 10 日

让班级管理更加科学、民主

——再论"权威转化"兼答李荼晶同志

真诚感谢《立足"建设",还是"破字当头"——〈权威转化:学生自理的良策〉引起的思考》(载《天津教育》1992 年第 3 期,以下简称《立》文)作者对我发表在《天津教育》1991 年第 12 期的《权威转化:学生自理的良策》(以下简称《权》文)提出了不同的看法,使我对有关班级管理的问题进行了更全面、深入的思考。

1. 班规不是万能的,但没有班规则是万万不能的

我把思想教育与常规管理比作集体赖以腾飞的两只翅膀。常规管理着重面向集体,规范行为;思想教育着重面向个性,塑造心灵。二者缺一不可且相辅相成。没有科学民主的常规管理,班主任会陷入班级各种琐事的泥淖而难以集中精力去塑造心灵;没有符合学生个性的思想教育,常规管理则会被学生视为"管卡压"而难以心悦诚服。

《立》文中说:"并不是不要纪律和约束",但《立》文所认为的"纪律和约束"是什么呢?作者写道:"而是在扬起自强的风帆中,互助友爱,展现出个人的长处,从而自觉地提高对自己的要求标准,战胜自我。"很遗憾,这并不是"纪律和约束",而是思想教育的艺术和目的。的确,教育离不开"鼓励""信任""感化",但仅靠它们是不够的。在进行深入细致的思想教育的同时,订立班级管理的一系列班规,不仅应该而且必须。班规不是万能的,但没有班规则是

万万不能的！我与《立》文作者一样非常赞赏"成功教育"，但"成功教育"中的"鼓励性评价"与严格的班级常规管理恰好是班级建设的两个方面（并非"恰好相反"）；我相信楼老师也有符合她班情、体现她教育个性与风格的班级管理方法与制度。

我也心悦诚服地赞成《立》文中关于挖掘学生闪光点、"依靠'新我'战胜'旧我'"的一系列精彩论述。因为我在引导学生依靠班规治班的同时，也正是这样做的（参见《河南教育》1990年第1期—第11期本人拙作《学生集体主义情操教育漫谈》）。《权》文只是就教育的一个侧面（班级管理）谈看法与做法，我不理解《立》文作者何以仅凭我谈班级管理的短文，就断定我的带班方法是"破字当头""单靠禁令"呢？

2. "权威转化"的目的是引导学生自我教育

《中国大百科全书》把"权威"界定为"在社会生活中靠人们所公认的威望和影响而形成的支配力量"。我在《权》文中所提出的"把教师的权威转化为集体的意志"，就是指把在一些人看来属于教师个人对学生的威望、权力等"支配力量"，转化为班集体对每一位集体成员的感召力、凝聚力、影响力等"支配力量"。这种"支配力量"既表现为集体的健康舆论，也表现为班级的规章制度。《权》文着重谈的是后者。

"权威转化"的过程绝非如《立》文所误解的是"发动学生找缺点""发动学生去'谴责制约'、被动管束""发动学生搞'下马威'"那么简单粗暴。恰恰相反，它自始至终充满了教育者对学生的高度信任与尊重。不错，我对新生提的三个问题之一是"为了实现这个愿望，每个人应不应该努力克服自身的缺点呢？"但这里的着眼点是引导学生集体预测在创建美好班级的过程中可能会出现哪些障碍，进而提出防范措施，而不是让学生一个一个地检讨，暴露自己不光彩的过去。何况，启发学生自省与鼓励学生自信并不矛盾：在自信的前提下，全面地自省；在自省的基础上，科学地自信。在引导学生认识代表着希望与成功的另一个"我"的同时，又引导学生正视自己的缺点与弱点，这才是全面科学的引导。

我和我的学生并不认为"把为集体服务的劳动当成惩罚手段，这样做有伤'劳动光荣'的宗旨"。学生们并不认为依"法"认罚（包括做值日、扫教室）是一种耻辱，因为至少绝大多数学生已逐步形成这样的观念：既然我为我的集体造成了某种损失，那么，我现在应当以自己的劳动来向同学们表达歉意，为集体增添欢乐、温暖和荣誉。

还需特别强调说明的是"权威转化"并不是放弃班主任的教育导向和管理权力而一味地去迎合、迁就学生，因为"班级法规"里面无疑包含有某些教育者个人的意图。但是，这些教育意图与学生集体希望达到（虽然可能在行动上还暂时难以做到）的目标是一致的，而且这种意图通过班主任的引导已变成了学生的内在要求，因此，教师权威的转化，其实质是引导学生自我教育，是苏霍姆林斯基所提倡的一种教育艺术和理想境界："教师的聪明才智在于，使孩子们把教师的意图当作自己的意图提出来并加以实行。一个真正的教育能手永远不会使孩子感到自己是一个发号施令的人。"

3. 班级管理应该变"人治"为"法治"

首先声明，这里的"人治""法治"只是为了便于说明两种不同的班级管理思想而采取的一种类比说法，而非严格意义上的人治与法治，因为班级与国家毕竟不可同日而语。

长期以来，中学的班级管理模式基本上是班主任"一元化领导"的"人治"这种管理方式，不仅落后低效，而且往往产生一些教育负效应——

因为"人治"，教师很累：上至贯彻落实各级领导的教育意图，下至督促检查每天的清洁扫除，班主任"日理万机"，巨细无漏，可谓"事必躬亲""呕心沥血"！

因为"人治"，学生很苦：一切听命于班主任，创造精神受到束缚，主人意识受到制约，自觉性越来越弱，而依赖性却越来越强。

因为"人治"，教育不可避免地表现出较大的随意性：对学生的批评、表扬往往因教师当时的情绪或对学生潜在的主观印象而表现出程度的差异或方式的不同，这也使教育的威信在学生心目中大大降低。

因为"人治"，班级成了班主任的影子：班风的好坏主要取决于班主任个人素质的高低，而教育者所期望的学生的参与精神、主体意识、民主观念等等渐渐淡化以至泯灭。

因为"人治"，师生关系成了"君臣关系"：教师和学生之间只是绝对的教育与被教育、管理与被管理，教育出现了失误也难以及时纠正，这样，我们多年来提倡的师生平等互助的新型关系则成为一句空话。

通过把教师（主要是指班主任）的权威转化为学生集体的意志，引导学生制定出某种科学民主、严明可行的班规便是我变班级管理"人治"为"法治"的有效尝试。其意义，并非只是"被动管束"学生，而是使我们的班级管理更加科学、更加民主。

班级"法治"管理，使班主任从繁重的事务性劳动中解脱了出来。以前我从早到晚忙得不可开交，却见事不见人：抓班级事务越来越细，离学生心灵却越来越远，而班上纪律仍不尽如人意。"法治"管理，使我基本上把日常班级事务交给了学生——根据班规，各司其职，而我则腾出大量时间研究学生的思想，深入学生的心灵，使自己真正成为"灵魂工程师"而非"班级警察"或"学生保姆"。几年来，我每天按学号轮流找一位学生谈心，并写下了十三万字的班内学生心理咨询通信，最后结集成《青春期悄悄话——致中学生的 100 封信》并出版。若非"法治"管理，这一切是不可能的。

班级"法治"管理，使学生自我教育与自我管理的愿望真正成为现实。以前，学生的自我教育与自我管理一般只限于少数学生干部，而且他们的"管理"也是有限的——不过是班主任的助手而已。而现在，借助班规，不但使班干部们全权担负起班级管理的重任，而且使班上所有学生成为教育者和管理者。"学生是集体的主人"不再只是一种观念，而成为一种制度。

班级"法治"管理，使民主精神真正深入学生心灵。我班班规使学生与班主任享有一样的权利，学生开始尝试着民主管理的实践，并在此过程中，切身体验着集体与个人、民主与法制、纪律与自由、权利与义务、自尊与尊他的对立统一关系，潜移默化地感受着同学之间、师生之间尊严与人格的平等。学生运用班规，学会依"法"约束自我，依"法"维护集体，依"法"防止班主任凭自己的主观愿望或感情好恶"滥施淫威"，依"法"避免教育者可能出现的教育失误。可以这样说，班级的"法治"管理，实际上是让学生在实践中受到民主精神、法治观念、平等意识、独立人格的启蒙教育——而这正是 21 世纪社会主义现代化中国对我们教育提出的要求！

当然，"权威转化"，以"法"治班的具体做法和某些提法，都还有待在进一步的探索中不断完善。但是，我所遵循的基本精神——让班级管理更加科学、更加民主，却不仅仅意味着一种管理方式的改进，更关键的是一种教育观念的更新；也不仅仅是班主任个人工作艺术的偶然体现，更是让我们的教育适应社会发展、顺应时代潮流的必然趋势！

（载《天津教育》1992 年第 9 期）

 整理附记

　　1991 年第 12 期的《天津教育》登载了我的一篇谈班级管理的文章——《权威转化：学生自理的良策》后，引起了许多教育同行的关注，赞成者有之，也不少同志质疑我的观念和做法。其中尤其以李荼晶同志的文章最具代表性。为此，《天津教育》专门组织了讨论。我这篇文章是对有关质疑的回答。20 多年后的今天，再来看当年的讨论，我感到所有参加讨论的文章（包括李荼晶老师的文章），无论是否同意我的观点，都对我有启发和帮助。值得一提的是，我班的民主化管理形式一直坚持到现在，因为实践已经证明，这种管理方式是科学的。现在我当校长了，我继续在学校提倡学生自主管理，鼓励班主任们放手让学生自我管理。

2014 年 6 月 10 日

附：我的那篇引起争论的文章和李荼晶老师的质疑文章

<h2 align="center">权威转化：学生自理的良策</h2>
李镇西

　　科学的学生自理，既应突出学生的主体地位，又应体现教师的主导作用。"主体"与"主导"有机结合的关键，在于班主任要善于把教师的权威转化为集体的意志。其含义有二：一是班级管理中必须有班主任的权威，没有这种权威，教师的主导作用便无从体现，学生集体便失去了思想核心，班集体很容易成为一盘散沙；二是班主任的权威不应表现为直截了当的"发号施令"，而应当以学生集体意志的形式表现出来。特别要注意的是，这里强调的是"学生集体"，而不是少数学生干部。换句话说，让学生自理并不仅仅是班主任把自己的权威变成学生干部的权威，而是要发挥所有学生的主体作用，使每一个学生都参与班级管理。

把教师的权威转化为集体的意志，这是班级管理中引导学生自我管理的重要原则。根据我对班主任工作的探索和体会，完成这种"权威转化"的具体方法，主要有四点。

第一，引导集体。引导集体是指班主任在班集体形成之初，要巧妙地引导学生把教师对学生的管理要求当作自己的愿望提出来，使班级纪律在学生心目中不是"班主任对我的要求"，而是"我自己对自己的约束"。新生进校，我往往递进地提出三个问题让大家讨论："大家是否希望咱们班成为一个优秀的集体？"（对此，学生的回答往往一致："当然希望啦！"）"既然你们每一个人都有这种愿望，那么，为了实现这个愿望，每个人应不应该努力克服自身的缺点呢？"（学生们经过思考、议论，认识也能统一："当然应该。"）"要克服缺点，班级需不需要制定一些规章制度呢？"（经过反复讨论甚至争论，至少绝大多数学生能够说："当然需要。"）在此基础上制定的纪律，就已不是教师强加的"条条框框"，而成为学生集体的内在要求。另外，对于某些非要教师自己提出的纪律要求，班主任也应尽量设法通过学生的口提出来。和学生第一次见面，有时我还出一些小调查题让他们笔答："以后班里出现违纪现象时，你希望李老师怎么办？""当你犯了错误时，你希望李老师怎么办？"……基于对学生心理的了解，更出于对学生的信任，大多数学生的答案没有让我失望："希望李老师严格要求我们！"而且学生往往还提出许多具体的措施。这样一来，我以后大胆管理班级，就不是与学生

"过不去"，而是满足他们的愿望。因此，引导学生集体，实际上是让学生在进校之际，便在思想上处于自我管理的位置。

第二，利用集体。利用集体是指班主任要善于发现学生集体中客观存在的一些与教师权威一致的积极因素，利用这些积极因素来抑制集体中的消极因素。由于这些积极因素既是学生集体中的客观存在，又与教师的意愿不谋而合，因此它们虽然蕴含着班主任的教育意图，却使学生觉得这是集体的意志，而非班主任的权威。以对自习课的管理为例：班主任无疑希望自习课纪律良好，学生集体当然也有这个愿望。于是，对少数违纪学生的纪律惩罚，我从不以班主任个人的名义提出，而让学生自己摆违纪现象，论违纪危害。这样一来，对违纪学生来说，他们受到的惩罚，并非来自班主任的"铁腕"，而是来自学生集体的谴责与制约。再以对学生干部的管理为例：学生干部认真负责，这是我与全班学生的共同愿望。在我看来，学生干部绝不应只是对我负责，而应首先对学生负责，这二者是统一的。因此，对班干部的管理，与其让我督促，不如组织全班同学监督——学生定期对班干部投信任票，并进行书面评议。这样，学生之间的互相监督与制约，使每一名学生参与班级管理成为可能。

第三，规范集体。规范集体是教师权威向集体意志转化的表现形式——学生的自我管理应规范为一种班级常规制度，以避免即兴性、随意性。本着这样的思路，我在担任高90级（1）班班主任时，尝试着与学生共同制定班级法规，以此作为一种制度对班级进行日常管理。我先引导学生确立制定班级法规的原则："广泛性"——尽可能地包容班级一切可能出现的违纪情况，以后凡是班内出现了违纪现象，老师和同学都可以从中找到相应的处理措施；"可行性"——不仅提出纪律要求，同时有相应的强制办法，明确"违反了该怎么办"，避免有"法"不"依"；"互制性"——既体现出学生之间的互相制约，也体现出师生之间的互相制约，特别是对班主任的合理制约。人人参与管理，人人又被管理。原则确定之后，我让每一个学生都起草一份《班级纪律管理条例》(以下简称《条例》)，然后交由学生干部归纳、整理、加工，形成初稿。再交由学生反复讨论，最后全班以无记名投票方式通过了《条例》。《条例》包括"学习纪律""寝室纪律""清洁卫生""体育锻炼""值日生""班干部""班主任"和"其他"共8个部分40条，基本上覆盖了班级管理的各个方面和环节。《条例》一旦正式生效，便成了班级的"法律"。在它面前，班上任何人(包括班主任)，既是守"法"者，又是执"法"人。师生平等的班内管理，便是共同维护和保证《条例》的权威，便是维护自己的权威。对学生来说，维护《条例》的尊严，便是维护自己的尊严。这样，班级管理便由随意走向了规范，由"人治"走向了"法治"。

第四，服从集体。服从集体指的是班主任对集体意志的服从。班主任的权威已转化为集体的意志，并规范为班级规章制度，那么，班主任就应同所有学生一样，服从集体意志的结晶——班级法规。面对班级法规，班主任越是炫耀自己的权威，凌驾于集体意志之上，便越没有权威；相反，如果越是"放弃"自己的"权威"，自觉服从集体意志，那么，他实际上已在学生心灵中牢牢地建立了自己真正的权威——因为班主任严于律己的行为会使学生心灵受到震动，从而同样自觉地接受集体意志的约束，这同时也就是接受班主任的大胆管理。《条例》中，对我有如此规定："凡每月对学生发脾气超过一次，或错误批评同学，或利用自习课讲语文，或下课拖堂两分钟以上，均罚扫教室一次。"三年中，我好几次"犯规"，开始学生不好意思罚我扫地，我便主动认惩，一人扫教室。我认为班主任"依法自惩"必将提高《条例》的权威性——这实际上也是班主任真正的权威之所在！这样，"纪律面前，人人平等"的观念日益深入学生心灵。有了这样的集体意志，我便不需要因而也就主动放弃了"个人权威"，但我甘愿受罚的"傻劲"却使我通过集体意志表现出的个人权威大大增强：凡学生违纪，我便照章惩罚，结果很少有人不从，因为学生把这看成是自己对自己的惩罚，因为班规是他们自己制定的，更因为面对班规，人人都没有特权。

在班级管理中，班主任权威的巧妙转化，的确是学生自我管理的良策。其意义不仅在于使学生的自我管理科学化，更在于使教师的班级管理民主化。

（载《天津教育》1991 年第 12 期）

立足"建设"，还是"破字当头"

——《权威转化：学生自理的良策》引起的思考

李荼晶

贵刊 1991 年第 12 期刊登的《权威转化：学生自理的良策》一文（以下简称《权》文），提出"班级管理中必须有班主任的权威"，否则"学生集体便失去了思想核心"，这种权威"应以学生集体意志的形式表现出来"。为此，新生进校，就向学生提出三个问题："大家是否希望咱们班成为一个优秀的集体？""每个人应不应该努力克服自身的缺点呢？""要克服缺点，班级需要不需要制定一些规章制度呢？"讨论后，"在此基础上制定的纪律，就已不是教师强加的'条条框框'，而成为学生集体的内在要求"。以后再出现违纪现象，"对违纪学生来说，他们受到的惩罚，并非来自班主任的'铁腕'，而是来自学生集体的谴责与制约"。

我看到上海闸北八中的楼蓉禧老师在"成功教育"中所做的实验，恰好跟《权》文相反。

这位有 17 年教龄的班主任，曾以"凶"闻名，过去往往"以教鞭代替学生的自信，总把学生管得服服帖帖"，然而，学生成批地仍是"失败者"。后来，她开始"用鼓励性评价代替严厉训斥"。闸北八中外号叫"垃圾中学"，生源差，87 级两个班，留级生竟占三分之一，其中留过两三次级的有 13 人，入学总成绩在全区 35 所中学中列第 33 名。学生收到录取通知就认为进了"差生集中营"，灰色情绪笼罩全班。

楼老师没有发动学生找缺点，定"条条框框"，而是反其道而行之。第一篇周记的题目是"介绍自我"，要求学生只写优点，不写缺点，小组交流。目的是引导学生认识"另一个'我'"——代表着希望和未来的走向成功的"我"。第一堂班会课，楼老师扔下"棍棒"纪律，捧出"鲜花"朵朵：×××同学歌唱得不错，还会写诗；×××同学会做蛋炒饭，自理能力强……听惯批评的耳朵，被这种意外的赞扬感动了，学生们挺起了腰杆。如果说"权威转化"，这是把老师对学生的信任转化成学生的自信；把教师看问题立足于建设，而不是死盯住学生过去缺点的辩证思维方法，转化为学生"一分为二"地看待自己，先挖掘自己的"闪光点"，然后，意气风发地自强进取，依靠"新我"战胜"旧我"。这个班的老师在教学过程中也给学生提供自我表现的机会，"低起点，小步子，及时鼓励，及时矫正"，即使在百分制中，一学生仅得"8 分"，老师也先肯定这 8 分的正确，并对学生说："下次得 9 分就表扬你。"结果该学生下次考了 37 分，成为班里"学习进步最大者"；不久，竟考了 74 分！这个班，三年后全部合格毕业，语、数、外三科成绩提高到全区中等水平；"智商"测试在全区提高最快，14 项行为规范评比，名列一般校第一，被评为区先进集体。楼老师的做法，"救活一批失败的心灵"，"把失败者成批地变成成功者"！（参见上海《青年报》，1990 年 6 月 1 日）

对比上述两种带班方法，使我思考三个问题。

第一，班级管理的"权威"究竟是什么？是《权》文所说，把班主任的个人意志变成学生的集体意志，发动学生去"谴责与制约"、被动管束，还是像楼老师那样启发学生自尊、自信，引导学生的社会化进程？恩格斯在《论权威》中讲到权威的必然性，是从现代工农业发展的客观需要出发的，他说："工厂中有数百个工人操纵着蒸汽发动的复杂机器；……联合活动，互相依赖的工作过程的复杂化，正在取代各个人的独立活动。但是，联合活动就是组织起来，而没有权威能够组织起来吗？"这里讲的并不是什么把"个人意志"转化为群众意志，而是根据社会生产联合的需要去组织集体，步调一致地夺取成功。所谓"权威"，并不是单个人的意志，也不是个人通过群众去"谴责与制约"，而是把群众发动起来、组织集体，按照客观规律把事情办好。

第二，学生教育是立足建设、正面塑造为主，还是"破字当头"以矫正缺点、被动管束为主？楼老师的做法立足于学生的"闪光点"，从入学就帮助学生找"闪光点"，建立自尊、自信，激励自强动机，以便靠学生自身积极的东西去克服缺点和不足。第一次班会、第一次日记，光谈优点，用意就在唤起自尊、自信，激发学生对集体的爱，组织起为集体争光的实际行动。如果说"权威"，这种基于学生自尊、自信而凝聚在一起的集体的自我教育力量，才是真正的"权威"之所在。这并不是不要纪律和约束，而是在扬起自强的风帆中，互助友爱，展现出个人的长处，从而自觉地提高对自己的要求标准，战胜自我。

第三，怎样处理好德育中的疏导和禁令的关系？《权》文是一种进班就发动学生搞"下马威""禁令""条条框框"的做法。这种"禁"，如果脱离了耐心细致的说服、疏导，学生的认识得不到提高，难以形成明辨是非、贬恶扬善的舆论；即使是惧怕"谴责"，也只能是暂时收敛的假相，难以有养成良好品德行为习惯的实效。只有疏导领先，真正提高认识，启发自觉，才能像飞驰在铁轨上的火车，把"铁轨"的约束变成加速度的助力，因此，还是要立足建设，导中有禁，而不能"破字当头"，单靠禁令约束。

《权》文愿望很好，而且可贵的一点是，提出班主任必须严于律己，率先垂范，说话算数；如果违背诺言，也要受批评，甚至受罚。这里体现的师生民主平等思想更加难能可贵。但《权》文说，班主任如果违背诺言自己做一天值日，把为集体服务的劳动当成惩罚手段，这样做有伤"劳动光荣"的宗旨。在当前不少学生劳动观念薄弱，集体观念也亟待加强的情况下，更不宜这样做。

（载《天津教育》1992 年第 3 期）

你们是我永远的青春礼物

4 月下旬接到赵刚的短信，邀请我参加乐山一中初 87 届"未来班"毕业 20 周年聚会，时间定在 2007 年 5 月 4 日，地点在乐山海棠公园。我很兴奋，当即便答应了。

但最近母亲病重住院，而且动了手术，五一长假我都在医院陪着母亲。直到临走的前一天，我还在犹豫去还是不去。后来看到母亲情况还比较稳定，便跟母亲说明了情况，母亲通情达理，说"你去吧"。

我是在 5 月 3 日晚上回到乐山的。刚到乐山，便接到母亲电话，说她伤口出血，血压升高，希望我明天早点回来。我一听真想马上就返回，但想了想，医院里不但有我请的陪护，而且还有医生，他们应该会处理的。我明天早点回去就是了。

第二天上午九点半，我准时来到海棠公园。首先便看到已经在大门等候的赵刚。去年春节，我和赵刚等学生小聚过一次，因此，见到了赵刚虽然亲切，却不感到特别惊喜。

不一会儿，学生们陆陆续续来了：彭可佳、邱梅影、卢婕、陈宾、卢涛、陈晓蕾、黄勇、黄剑钊、张锐、鲁明、王小勤、林玲、李莉……由于主办者赵刚并没有广泛通知，因此来的人并不多，但这足以让我非常高兴了。

不少人我真是 20 年没见面了。这些学生离开我的时候是十五六岁，现在已经三十五六岁了。如果是在大街上猛一见到，我可能会认不出的，但和他们聊几句，我就觉得他们一点儿都没变。特别是当他们聚精会神地听我说话的时候，那神态，那眼神，一下便暴露了他们当年拥有并一直保存到现在的纯真，而我一下便回到了20年前的课堂上。

和去年春节小聚的时候一样，我和他们拉家常的时候，自然会问"孩子多大了""爱人是做什么的"之类的问题，但我说出这些话的时候觉得特别别扭，因为他们在我眼中老摆脱不了初中生的样子，我怎么能够对一个初中生问这些问题呢？但我摇摇头，仔细想想，哦，人家都已经长大成人了！这不，当年的班长之一张锐还把他几岁的女儿带来了呢！

多年不见，我们自然有说不完的话。学生们回忆我带他们去野外玩儿，还有毕业时的篝火晚会，还有上街搞勤工俭学，还有我每学期给他们读的书（他们还记得有《青春万岁》《爱的教育》以及刘心武和刘宾雁的报告文学），还有每天课堂上的一分钟演讲，还有……

邱梅影说："李老师，我女儿读小学，老师要求他们读《爱的教育》，我一下想到了我读书的时候，你给我们朗读《爱的教育》。"

赵刚说："李老师，也许《爱的教育》正是因为有了你，才有了现在这么多的读者！"

我说："也许吧！至少我是改革开放后，最早向学生推荐《爱的教育》的老师。而且最近漓江出版社出版《爱的教育》时，还请我写序呢！我很自豪！"

我又跟他们说起我曾经到过这本书的翻译者夏丏尊先生曾经执教的浙江春晖中学："在夏丏尊先生翻译这本书的书房里，我特意在先生当年翻译这本书的桌子前照了一张相。最近，夏先生的长孙夏弘宁先生还跟我联系，说想见见我。"

是的，这本书和我的教育包括我的生活已经分不开了。

彭可佳不停地向我"请教"各种家庭教育问题，她儿子已经六岁，特别调皮，是让儿子今年就读小学呢，还是让他再推迟一年读小学？她为此拿不准主意。我说："就今年入学！推迟一年，你儿子也不见得就不调皮了。男孩子嘛，调皮是很正常的。"

她又问儿子是否适合读寄宿制学校，我斩钉截铁地说："不行！父母对孩子的朝夕相处的影响，是任何教师都不能取代的！"

卢涛说："李老师，我现在还记得你教我们的时候，一个暑假去旅行，你给我们每一个同学都写信，每天给一个同学写一封，我收到的信上说你在黄果树瀑布。"

他又说他第一次当众演说，就是在我班上的时候——按我的要求在语文课前作一分钟演讲。

卢婕说到我指导同学办小报，每期都由一个同学独立完成，而且每天都按时"出版"并张贴出来。

邱梅影说她读了我写的《爱心与教育——素质教育探索手记》。我很惊讶，因为她并不是搞教育的，我问："你哪来的这本书？"

她说："我买的呀！"

我真是感动得要命！

我说："你读到书中你的故事没有？"

她说："当然读到了！是我们去为彭艳阳祝贺生日。你在书里还用了我一篇文章。我在那篇文章里说，'大家见家里没有大人（李老师当然不算是"大人"！），便开始狂欢。是的，李老师不是大人'，后来有记者引用了这句话，说李老师和学生关系平等。本来嘛，当时我们的确没有把李老师当成大人，你就是我们的朋友。"

陈晓蕾说："李老师对教育一直都充满热情，这种热情一直都没有变。"

……

我说："我要感谢你们！我从你们身上获取了教育的动力。因为我和你们接触，发现教育是这么的有意思！于是，我便对教育更加热情了。"

七嘴八舌，叽叽喳喳。此刻，他们又变成了可爱的初中生，他们当年的神态包括一些细节都浮现在我眼前——

　　赵刚，你不知道当年你有多么调皮！上课从来坐不安稳，说话，搞小动作，不止一次被我批评，记得有一次家访（你好像住在婆嬅街供电局宿舍吧），我对你爸爸说你上课太爱说小话，你爸爸说你小学时就是这样的。虽然你很调皮，但绝不"坏"，相反，你处处透着机灵和可爱，总有一些与众不同的想法。毕业之际，你为班级史册《未来》（二）写的卷首诗——《未来，是彩色的》，是那样的激情澎湃：

　　未来，是彩色的；

　　未来，是绚丽的。

　　未来，挥动着巨大的画笔；

　　未来，散发着颜料的芬芳……

　　每一片绿色里，

　　萌动着诱人的幻想；

　　每一片黄色里，

　　蕴藏着震寰的力量；

　　每一片红色里，

　　突奔着澎湃的热情；

　　每一片蓝色里，

　　跳荡着青春的激昂！

　　春的初融……

　　夏的清凉……

　　秋的硕果……

　　冬的戎装……

未来的土地上，

已种下一片绿色的希望！

　　彭可佳，当年一位非常可爱的小姑娘，是班上最小的同学之一，那么文静，那么害羞，那么认真，那么善良！你上课那专注的神态至今还印在我脑海中。你还送我一张你办小报的照片，我至今珍藏着呢！想不到，二十年前的小姑娘，现在也做妈妈了，而且迫不及待地向我"请教"如何教育儿子！

　　张锐，虎头虎脑，浑身有用不完的精力，初一时和彭艳阳同时担任班长，绝对品学兼优，而且比一般的男同学要懂事一些，当然也免不了有小男孩特有的顽皮。1985 年 5 月的一天，当我走进课堂，全班同学突然祝贺我生日快乐的时候，是你抱着一大摞同学们送给我的礼物走到讲台上："李老师，祝您生日快乐！"现在的你，已经是高大魁梧的男子汉了，现在在某单位任党委副书记。去年春节聚会时你特别对我说："放心，李老师，我会永远记住你的教诲，虽然我现在坐在这个位置上，但伤天害理的事我决不会做！"我当然相信你，依然可爱的张锐！

　　卢婕，当年我班的一员女将，用今天的话来说，那叫"铿锵玫瑰"。你常常和一些男生掰手腕，堪称"常胜将军"。运动场上的你，奔跑起来风驰电掣。那年运动会后，我专门找了一张你比赛中的照片，照片上的你如同射出的子弹。这张照片我现在还保留着呢！对了，我们一起去云南、贵州旅游，在黄果树瀑布下面，我们手牵着手接受飞瀑的洗礼，这是我永远难忘的记忆。

　　陈宾，也是一个有点调皮的男孩，但是当年在我班乃至全校都是赫赫明星呢！因为你打得一手漂亮的乒乓球，是"上面"培养的运动员苗子。曾获得过各种级别（估计除世锦赛之外）的名次。后来你中途转学去当专业运动员了。临别时还专门为全班表演了你的球艺，当时在学校里竟然找不到和你对阵的人，只好把你教练请来和你交锋。当时你们师徒二人拼杀的场面，我只在电视转播世界级乒乓球赛的时候看过，但这一幕却发生在我眼前，而且主角还是我学生！我那个高兴劲儿、自豪劲儿啊，别提啦！呵呵！

邱梅影，一个非常可爱、特别纯真的小女孩。我现在还记得你那胖乎乎的脸蛋，和脸蛋上那大大的眼睛，双眼皮特别明显。那时候你特别听话、特别乖顺，但就是有点儿小气，常常跑到我面前委屈地说哪个同学又欺负你了。好像当时你和赵刚做过同桌，我就记得你告过他的状。当然，印象最深最深的还是你上课时的专注，明亮清澈的眼睛凝视着老师，还有你课间踢毽子、跳绳时那天真烂漫的神情和活泼的身影。

卢涛，是初一下学期开学时转到我班来的，当时还是初春，你到我班的时候天还比较冷，你穿着长长的棉大衣，带着棉帽，给人的感觉是身体比较弱。虽然是男孩，当年你却像女孩子一般文静害羞。我把你分在八小组，这个小组集中了全班的调皮大王，你去了以后，以柔克刚，居然和他们个个都成了好朋友，而且你"出淤泥而不染"，依然保持着自己良好的行为习惯和优良的学习成绩。

陈晓蕾，当年你在班上特别优秀，不但学习成绩好，而且特别乐意帮助同学，因此同学们曾把你推选为班干部，你还代我去家访过呢！那年同学们为我祝贺生日之前的几天，正是你把我骗出了教室，然后同学们商量怎样瞒着李老师准备生日礼物。多年后，我在写《爱心与教育——素质教育探索手记》时，特别记下了当时你的细节——

1985年5月13日，星期一。下午读报课时，我走进教室，继续为学生读小说《钢铁是怎样炼成的》——每天的这个时候，都是我的"小说连播"：《青春万岁》《爱的教育》《烈火金刚》《红岩》……进入中学以来，学生把每天的这个时候视为最珍贵也最美好的时光。

"保尔紧张地注视着朱赫来和那个押着他的士兵，心里在盘算着怎么才能救出朱赫来……"我在讲台上朗读着，教室里一片安静。同学们都关心着朱赫来的命运。

突然，坐后排的学习委员陈晓蕾举起了手。

我停住朗读，问："什么事？你不舒服了吗？"

她却离开座位走到了我的面前："李老师，请您出去一下，好吗？"

我想她可能是有什么急事要跟我单独谈，便对同学们说："大家稍等一会儿。"然后跟着她出了教室。但就在我走出教室门的一瞬间，我好像看到潘芳奕匆匆走上了讲台。

来到教室外面的楼梯口，我用询问的目光看着她，她却说："请您在这儿站一会儿。"

我非常吃惊："站一会儿？你们要干什么？"说着我转身就要返回教室，可陈晓蕾急忙把我拉住："李老师，您现在不能进去！"

我明白自己上当了，但现在我反倒不怎么急了，而觉得挺有趣：好吧，我倒要看看这些学生们要搞些什么名堂！

过了大约五分钟，陈晓蕾跑到教室门口往里面看了看，然后过来对我说："好了，可以进去了。"

后来，你在日记中这样写道："当我领着李老师走进教室时，我自豪极了，像个打了胜仗又抓了个俘虏的将军！"

黄勇，当年的你个子相对比较高，体型偏胖，总之"块头"很大，因此给人的感觉是一直比较稳重，甚至有一种超越年龄的老成。当其他同学在打打闹闹的时候，你往往在一旁深思熟虑，也不知道你在想什么。你的功课非常好，我至今还记得你上课时发言的情景，身子微微向前倾斜，头随着发言一点一点的，很有意思！今天见了你，稳重依然。

黄剑钊，那个瘦小而腼腆的男孩现在也长成高大的男子汉了。一头自然卷的头发，现在也是卷着的。你进初中的时候，名字叫"黄剑"，和荣建、沈建很要好，同学们都叫你们"三剑客"。好像是初一下学期时你改名为"黄剑钊"，好长一段时间我们都不习惯，依然叫你"黄剑"。你很听话，从不调皮，学习成绩也很好。初二我们班去峨眉山旅游，我带着你、刘忠斌还有沈建，居然和大部队走散了，还迷了路！我们四人在山路上一边走一边问山上的农人，大概一个多小时后才和同学们会合。你还记得吗，那次我们在山路上的时候，我一直给你们讲故事呢！

鲁明，班上最小巧玲珑而又可爱的小姑娘之一。第一天报到的时候，你和黄靖在单双杠活动区玩儿，我还和你们聊了几句呢！你也是一个非常温顺听话的女孩子，我至今还记得你上课时聚精会神的样子。哦，对了，你的生日时6月1日，记得我曾经对你说："你多幸福！每年全世界的小朋友都为你庆祝生日！"

王小勤，我记得你当年也是胖胖的一个小女孩，只是说话就脸红，可能你是班上最害羞的女同学了吧！但是，你却是班上最关心集体的同学之一。只要为班上做好事，你总是积极举手要求参加。而每次我表扬你的时候，你总是特别不好意思，低着头，满脸通红，好像做了错事一样。你眼睛不大，笑起来就眯成一条缝，特别可爱。今天看见你，还是如此。

林玲，虽然是初三转到我班来的，却给我和同学们留下了难以磨灭的印象。绝对品学兼优，不然不会一来就被选为团支部书记。不过，你能给大家留下深刻的印象，主要还是因为你能够表演翻筋斗。在好几次班上搞的活动中，你在教室中间一站，两臂一伸，往旁边一倒，便腾腾腾翻好几个筋斗，让人眼花缭乱，赢得一片惊叹

教育是心灵的艺术

和喝彩！

李莉，其实我并没有教你几天，好像当时你在我班上没读几天书便转走了。但你却给了我职业自豪感。上了几天课之后，我把你叫到教室外面谈心，问你的感受，你说了一句至今让我难忘的话："李老师，我觉得你和一般的老师不一样！"你说我的语文课上得好，不局限于课本，视野很开阔。能够得到学生这样的评价，当然让我感到了一种做教师的自豪。今天见到你，你说你还记得当时我给你们讲龙应台呢！不过，实话实说，如果现在在街上碰到你，我是认不出你的，你现在长漂亮了，而且有点像凤凰卫视著名主持人许戈辉呢！

……

回忆，让我也一下子变得年轻起来，仿佛回到了20年前。眼前的他们，依然是纯真可爱的孩子，而我依然是意气风发的年轻教师。

他们知道我现在当校长了，便问我当校长的感受，我说："没什么特别的感受，我不过是把心掏给老师们罢了！其实，我现在相当于也在当班主任，大班主任。"然后我跟他们聊起了我们学校的老师们，我说我们学校的老师特别好，而且都很年轻，"平均年龄比你们还小呢！"我说着，便打开电脑让他们欣赏我们学校老师的照片。他们被那张老师们狂笑的照片逗乐了，而且还说我们的老师很漂亮。

他们都半开玩笑半认真地说，都想把孩子送到我的学校。我说："好呀，到时候将你们的孩子组成一个重点班！"卢婕、陈晓蕾、彭可佳等人居然还说让我当班主任！我更开心了："没问题！"

虽然是玩笑，但我心里却想：为了学生的信任，我也要把武侯实验中学办好！

我跟大家说："我现在还保存着当年我给你们照的相，课间跳绳呀，中午在教室里睡觉呀，还有你们在野外活动呀，等等。我还保留着你们当年写的日记呢！唉，因为走得急，我忘记带这些'文物'了！不然，今天你们看到这些东西，一定会非常亲切的。"

同学们回忆起我当年的班主任工作和语文教学，都说我的教育思想和实践有些超前。我说："是呀，当初我那些做法很有争议，但现在那些做法都已经很平常了。"

在我们谈笑风生的时候，不停接到董洁、阚林等人的电话，他们为不能前来而抱歉。

自从我"出名"之后，便不断有老师担心我的教育"太正统"，教育的学生"太纯洁"，担心我的学生步入社会不能适应。20年，这个时间不算短，现在眼前的学生可以证明一切。他们都是普通劳动者，没有显赫的名声，也没有耀眼的光环，但他们凭着善良和纯真，依然在这个社会中生活得很好，平平凡凡地工作着，点点滴滴地幸福着。

说到"平凡"，我又想到曾经有人询问过我："你培养了多少杰出的人才？"还有人这样质疑过苏霍姆林斯基。我觉得这种询问和质疑表明了一种畸形的教育观，那就是认为只有培养了杰出人才，才算是教育的成功。而我则坚决不认同这种"教育成功观"。我认为，学生中有成为科学家、艺术家等杰出人才的，首先缘于这个学生的天赋，而非教师的培养；教育的任务，主要是人格的培养，而且是面向每一个学生。如果我们的学生都能（至少大多数人）保持着善良、正直、纯真的品格，哪怕他们一辈子都是普通劳动者，那也是我们教育的成功。这正是我的教育追求。

实际上，我从教20多年来，我的学生中不乏杰出人才，但我从来都不认为那和我有什么关系。我更看重大多数学生是否是真正的人！在《班主任》杂志举办的"李镇西班主任工作思想论坛"上，主办者希望除了我作报告外，还能有我过去的学生进行发言。我特意避开了请我学生中的留美博士、企业家、艺术家等等，而是专门请了一个普通的职员和一个当年连大学都没有考上的打工妹（就是《爱心与教育——素质教育探索手记》中的宁玮），为什么？因为他们至今善良，而且用劳动赢得了自己的尊严和幸福。这，就是我心目中的优秀学生！

侃侃而谈之中，吃午饭的时间到了。但我无论如何要回成都了，因为母亲还在病床前盼望着我早点回去。学生们都劝我吃了饭再走。我只好简单地和他们碰了碰杯（我照例是喝白开水），吃了几口菜，便匆匆离去了。

临走时，我对他们说："暑假我一定再回来，尽可能把同学们都约上，我们重返大佛坝，在20年前我们毕业之夜举行篝火晚会的大渡河畔聚会！"

午后两点我回到成都，突然接到赵刚的电话，他说他们还没有散，还在饭桌上觥筹交错，还在谈论我。学生们通过手机一一跟我说了几句话，除了感谢我，还特意嘱咐我要注意身体。

20年前，对我们的国家来说，那是一个风起云涌的年代；对我来说，是我青春燃烧的岁月。当时教这个班的学生时，我毫无经验，无论是班主任工作还是语文教学，都谈不上有多么优秀，但我全身心地投入，把自己的生命融入教育、融入学生，并乐此不疲。如果说当初我这样做，更多的是凭着青年人的热情和兴趣的话，那么，正是学生们对我的爱让我感到职业的幸福，这种幸福感成了我之后从事教育不竭的原动力。

林玲说："妈妈听说我要来参加毕业20年聚会，都感叹时间真快呀！当年毕业的时候一想到20年后相会，觉得非常遥远。但现在20年已经过去了！时间简直过得太快了！"

是呀，一晃这些学生已经从15岁的小男孩、小姑娘成长为"帅哥""美女"了，我却从风华正茂的小伙子步入了中年。但是和他们在一起，我便回到了年轻时代。时间还在流逝，他们还会从青年到中年，我也将渐渐步入老年，但和他们在一起的时光，却是我永远的青春记忆。人生就是这么奇妙，完全是偶然的——他们在20年前闯进了我的职业生活，我们之间便拥有了三年共同的生活，我的生命曾经和他们融为一体。无论今后岁月如何流逝，无论我和他们将怎样慢慢变老，那三年时光，将是我永远的青春记忆。不只是这个班的学生，应该说，我和每一届学生相处的三年时光，都是我生命中阳光灿烂的日子。神秘的命运之神把一批又一批学生送到我的生活中，让我永远都和童心为伴，与青春同行，因此，我要对我所有的学生说——

你们是我永远的青春礼物！

2007 年 5 月 11 日

 **整理附记**

许多听过我报告或读过我著作的老师都说："李老师，您真幸福！"是的，的确如此。我特别自豪的是，我和我的学生一直拥有一种纯正的师生关系。许多老师都说我对我的学生特别爱，可他们不知道，我的学生对我有多么好！许多老师看到我和学生的关系，简直就像童话一样纯洁美好，而这是我们的常态。对比现在师生之间，还有教师和学生家长之间的种种物质化关系，我和我的学生彼此都以我们保持了几十年不含一点杂质的师生感情而自豪！这是我们共同的教育童话，也是我一生的精神财富。

2014 年 6 月 11 日

后记　幸福比优秀更重要

这是我的一本早期教育随笔选，初版时间是 1999 年 10 月。尽管书中的文章大多是我 20 年前甚至 30 年前所写，但华东师范大学出版社的编辑老师认为，我当年的思考和做法，至今还有意义，尤其是对刚入职的年轻老师来说。这是这本书修订再版的原因。

所谓"修订"主要体现在：第一，替换了少量篇目。去掉了明显过时的文章，比如初版中专门有一辑是谈语文教育的，我全部删除，而增加了近年写的随笔。第二，在"整理附记"中，以今天的眼光对过去的一些思考和做法进行了再思考。第三，我重新写了序言和后记。

本书的主题是"成长"，灵魂是"教育"，色彩是"青春"。这是我献给年轻同行的"致青春"。修订完本书，觉得意犹未尽。因此我打算在这篇"后记"里，补充说说关于幸福与优秀的话题。

常听年轻老师跟我诉说刚参加工作便"热情冷却""理想碰壁"，问我如何才能"坚守教育信念"、如何才能"成为优秀教师"。我总是这样回答："坚守教育信念是对的，但目的不是为了什么优秀，而是自己快乐。别在意优秀不优秀，要在乎你自己每天是否幸福。因为幸福比优秀更重要！"

也许有人会不以为然："您现在是著名教育专家，名也有了，利也有了，却叫我们'别在意优秀不优秀'，真是站着说话不腰疼！"

我想到我的年轻时代，那时候我刚大学毕业走上讲台，除了激情一无所有。那时候，我初生牛犊不怕虎，没学会走就直接跑，当然也有无知带来的无畏，于是语文教改有声有色，于是班主任工作有滋有味，于是也引发无数争议，但我不管，每天都乐呵呵的，用比较文艺的说法，叫"意气风发"；我每个星期天、每个寒暑假，都和孩子们泡在一起，在小溪里捉鱼，在岷江边戏水，让风筝在海洋般的蓝天上优雅而自信地"写诗"，让歌声在似乎走不到尽头的原始森林中激荡我们肆无忌惮的青春……而这一切，几乎都受到非议，但我不管，开心就行！有时候领导批评我，我也不觉得委屈，因为这一切都是我"自找"的。什么"中高"什么"特级"，不给我评没关系！没有什么比拥有一颗自由而幸福的心更重要的了。一直到2003年评上四川省中学特级教师之前，我几乎没有什么"拿得出手"的荣誉。但我真的很坦然——幸福比优秀更重要！

身被名缚，哪来自由？心为形役，何言幸福？更何况现在评优选先有很多水分、很多人情因素，托关系，走后门，搞勾兑，拉选票……很累的。就算优秀了，幸福却失去了。

当然，年轻时的我也不是不追求优秀，但我更追求自己认可的优秀。这里的"优秀"就是我给自己拟定的"好老师标准"——课上得好，班带得好，分考得好。只要做到了这三好，家长信任我，学生依恋我，我就有了安身立命之本，我就"万事不求人"。我因此也就拥有了行动的潇洒和心灵的自由，除了忠实于自己的良知，我不用看任何人的脸色行事，更不会患得患失，斤斤计较。

在一次和我校一位年轻老师谈心时，我说："作为普通教师，通过自己卓有成效的工作赢得世俗的名利——'优秀'呀，'先进'呀，'学科带头人'呀，'特级教师'呀，我们理应感到自豪，因为这是我们价值的标志之一。但是，由于种种原因，可能这些'优秀'你都没有，也不要紧：我不优秀，但我很幸福啊！这也就够了。"

我现在越来越坚定地认为，一个教师，是否优秀不是最重要的，是否卓越更无关紧要，最最关键的是——是否幸福。

所谓"优秀"，至少有两个层面的含义：一是指我们做得比别人相对出色一些的工作及成果；二是指我们获得的各种荣誉称号。不管是在哪个意义上使用"优秀"这个概念，我都认为幸福比优秀更重要。

如果是在第一个层面上说优秀，那么我们总要和别人比较，因为优秀总是相对而言的；因为比较（攀比），我们求胜心切，我们精益求精，我们永不满足，我们"欲壑难填"……当然，从积极意义上看，这正是我们上进的表现，"永争第一"嘛！但同时，在这比较的过程中，我们渐渐失去了从容自如的心态，失去了"慢教育"的智慧，也失去了教育的优雅与情趣，甚至我们潜在的或者说沉睡的功利心渐渐苏醒，让我们备受折磨，于是，教育的幸福也不知不觉离我们而去。

如果是在第二个层面上说优秀，那么我们免不了要关注教育以外的人和事，因为优秀与否不能自己说了算，总得人家来评比和选举。也许你的工作的确比别人做得好，去年高考你也"培养"（其实，哪是你一个人培养的啊）了一个县状元，于是你自认为优秀，可这次学校却只有一个"优秀"的名额，而还有比你更优秀的——和你同一教研组的一个同事今年还"培养"了一个市状元呢！于是，这"优秀"的桂冠便落到了他的头上。你想"优秀"也不能。何况，如果你所在的学校风气不那么正，即使你的工作和成果的确出类拔萃，可是你不善于搞庸俗的人际关系，更不善于和领导拉关系，那无论是群众投票，还是领导推荐，人家就是不让你"优秀"！

想优秀而不得，怎么办？我的回答是，那就别管什么优秀不优秀啦，还是追求纯粹的教育幸福吧！因为——

优秀与否是别人的评价，幸福与否是自己的感觉。

幸福，源于心态；不幸福，也源于心态。我曾给年轻的老师们评论过网上流传的一些段子，比如："一等教师是领导，吃喝玩乐到处跑。二等教师管后勤，轻轻松松维持人。三等教师体音美，上班还能喝茶水。四等教师史地生，周末还能去踏青。五等教师语数外，比比看谁死得快。六等教师班主任，累死讲台无人问。"我说，这类段子初看觉得很解气、很痛快——"终于有人为我们鸣不平了"，但实际上这些段子大多似是而非，夸大其词，不但不能减轻自己的郁闷，反而会增加自己的痛苦。而且段子中的教师职业也完全可以置换成医生、警察等职业。不要老觉得自己最不幸，不要老觉得自己遇到的最不公平。放眼这个社会、这个国家，更多的人比我们更苦、更累。我经常对老师们说："如果我们对自己的职业不满意，其实只有两种选择：要么改变职业，要么改变职业心态！"

我不是主张面对不公不平要逆来顺受，我们完全可以也应该依法维护自己的权利与权益。问题是，由于种种原因，很多时候事情并不那么简单，种种不公也不可能在一个早晨彻底消失。那怎么办呢？还是得调整心态，从容应对。何况，很多时候缠绕我们的不过是一些琐碎的烦恼，完全可以一拂了之。李白有一句诗："空长灭征鸟，水阔无还舟。"不是天空中没有飞鸟，而是晴空万里，辽阔无边，一两只鸟简直微不足道；不是水面上没有船只，而是烟波浩渺，水天一色，一两只船也就微乎其微了。这是胸襟，也是心态。某种意义上说，拥有了好心态，便拥有了幸福。

应该说，在一个风清气正的环境里，教师的优秀和幸福并不矛盾，二者完全可以和谐统一。领导正直，同事善良，评价科学，程序公正，幸福的老师怎么可能不优秀呢？于是，因为自己突出的业绩，各种荣誉纷至沓来。这时，我们也不用刻意推辞，完全可以坦然而无愧地接受。因为这是教育给我们的馈赠。只是我们把这份馈赠仅当作意外的收获，因为我们从来就不是冲着这些荣誉而工作的。没有这些荣誉，我们也不会有丝毫的懈怠，因为教育关系着我们自身的幸福。

优秀的教师是有限的，而且往往和机遇甚至人际关系有关；但幸福的教师千千万，而且就在我们身边，甚至就是我们自己。

2014年6月11日

图书在版编目（CIP）数据

教育是心灵的艺术：李镇西教育随笔选／李镇西著. —上海：华东师范大学
出版社，2014.9

ISBN 978 - 7 - 5675 - 2566 - 5

Ⅰ.①教…　Ⅱ.①李…　Ⅲ.①教育—文集　Ⅳ.① G4-53

中国版本图书馆 CIP 数据核字（2014）第 220158 号

大夏书系·教育随笔

教育是心灵的艺术
——李镇西教育随笔选

著　　者　李镇西
策划编辑　李永梅
审读编辑　卢风保
封面设计　奇云文海·设计顾问
责任印制　殷艳红

出版发行　华东师范大学出版社
社　　址　上海市中山北路 3663 号　邮编　200062
网　　址　www.ecnupress.com.cn
电　　话　021 - 60821666　　行政传真　021 - 62572105
客服电话　021 - 62865537
邮购电话　021 - 62869887　　地址　上海市中山北路 3663 号华东师范大学校内先锋路口
网　　店　http：//hdsdcbs.tmall.com

印　刷　者　北京季蜂印刷有限公司
开　　本　640×960　16 开
插　　页　3
印　　张　16.5
字　　数　207 千字
版　　次　2015 年 1 月第一版
印　　次　2023 年 9 月第十次
印　　数　28 101 - 29 100
书　　号　ISBN 978 - 7 - 5675 - 2566 - 5/G·7631
定　　价　35.00 元

出 版 人　王　焰

（如发现本版图书有印订质量问题，请寄回本社市场部调换或电话 021-62865537 联系）